Sabores de la India en tu Cocina

Recetas Auténticas y Exquisitas

María Fernández

Tabla de contenido

Buñuelos picantes de plátano 18

    Ingredientes 18

    método 18

masala dosa 19

    Ingredientes 19

    método 19

kebab de soja 21

    Ingredientes 21

    método 22

Avena Idli 23

    Ingredientes 23

    método 24

Carne con huevos y patatas 25

    Ingredientes 25

    método 25

Chivda 26

    Ingredientes 26

    método 27

pan bhajja 28

    Ingredientes 28

    método 28

Huevo Masala 29

    Ingredientes 29

método 30
Gambas Pakoda 31
    Ingredientes 31
    método 31
cangrejos de queso 32
    Ingredientes 32
    método 33
mysore-bonda 34
    Ingredientes 34
    método 34
Radhabalabhi 35
    Ingredientes 35
    método 35
medu vada 37
    Ingredientes 37
    método 37
Tortilla con tomates 38
    Ingredientes 38
    método 39
huevos bhurji 40
    Ingredientes 40
    método 41
chuletas de huevo 42
    Ingredientes 42
    método 43
Tío Moody 44
    Ingredientes 44

- método 44
- tofu tikka 45
  - Ingredientes 45
  - Para la marinada: 45
  - método 45
- hola cable 47
  - Ingredientes 47
  - método 47
- tortilla masala 48
  - Ingredientes 48
  - método 49
- masala de maní 50
  - Ingredientes 50
  - método 50
- Uadi de Kothmir 51
  - Ingredientes 51
  - método 52
- Rollos de Arroz y Maíz 53
  - Ingredientes 53
  - método 53
- chuletas dahi 54
  - Ingredientes 54
  - método 54
- Uthappam 56
  - Ingredientes 56
  - método 56
- Koraishutir Koçuri 57

Ingredientes 57

método 57

kanda vada 59

Ingredientes 59

método 59

hola tuk 60

Ingredientes 60

método 60

corte de coco 62

Ingredientes 62

método 62

Mung Brote Dhokla 64

Ingredientes 64

método 64

Paneer Pakoda 65

Ingredientes 65

método 66

pastel de carne indio 67

Ingredientes 67

método 68

paneer tikka 69

Ingredientes 69

Para la marinada: 69

método 70

gatitos paneers 71

Ingredientes 71

método 72

dhal kebab 73
    Ingredientes 73
    método 73
Deliciosas bolas de arroz 74
    Ingredientes 74
    método 74
rotis nutritivos 75
    Ingredientes 75
    Para ratones: 75
    método 76
Brocheta de pollo a la menta 77
    Ingredientes 77
    método 78
Patatas Fritas Masala 79
    Ingredientes 79
    método 79
Samosas de verduras mixtas 80
    Ingredientes 80
    Para los pasteles: 80
    método 81
Rollos de harina 82
    Ingredientes 82
    método 82
kebab goli 83
    Ingredientes 83
    método 84
Mathis 85

Ingredientes 85

método 85

Poha Pakoda 86

Ingredientes 86

método 87

Hariyali Murgh Tikka 88

Ingredientes 88

Para la marinada: 88

método 89

mundo del kebab 90

Ingredientes 90

método 91

Conversación 92

Ingredientes 92

método 93

dosis de coco 94

Ingredientes 94

método 94

Fideos con frutos secos 95

Ingredientes 95

método 95

Dosa con arroz hervido 97

Ingredientes 97

método 98

Fideos de plátano sin madurar 99

Ingredientes 99

método 100

- sooji wada 101
  - Ingredientes 101
  - método 101
- Bocaditos salados agridulces 103
  - Ingredientes 103
  - Para Muthia: 103
  - método 104
- fideos con camarones 105
  - Ingredientes 105
  - método 106
- kebab reshmi 107
  - Ingredientes 107
  - método 107
- Delicia de trigo partido 108
  - Ingredientes 108
  - método 109
- Methi Dhokla 110
  - Ingredientes 110
  - método 110
- filetes de guisantes 112
  - Ingredientes 112
  - método 113
- TÍTULO 114
  - Ingredientes 114
  - método 114
- Dahi Pakoda Chaat 116
  - Ingredientes 116

método 116
Kudithal Dhokla 118
    Ingredientes 118
    método 118
Echar un vistazo 119
    Ingredientes 119
    método 120
Guisante Pulao 121
    Ingredientes 121
    método 121
Pulao Pulao 122
    Ingredientes 122
    método 123
Vaangi Bhaat 124
    Ingredientes 124
    método 125
Pulao de guisantes y champiñones 126
    Ingredientes 126
    método 126
pulao verde 128
    Ingredientes 128
    método 129
pulao festivo 130
    Ingredientes 130
    método 131
Pulihora 132
    Ingredientes 132

método 133

Arroz Tadka 134

    Ingredientes 134

    método 134

Cuscús Biryani 135

    Ingredientes 135

    método 136

arroz con champiñones 137

    Ingredientes 137

    método 138

Arroz Natural De Coco 139

    Ingredientes 139

    método 139

pulao mixto 140

    Ingredientes 140

    método 141

arroz con limon 142

    Ingredientes 142

    método 143

arroz manipuri 144

    Ingredientes 144

    método 145

Sésamo Pulao 146

    Ingredientes 146

    método 146

Khichuri 147

    Ingredientes 147

método 148
Arroz amarillo 149
    Ingredientes 149
    método 149
Chingri maché bhaat 150
    Ingredientes 150
    método 150
Arroz de zanahoria y pimiento verde 151
    Ingredientes 151
    método 152
Thakkali Saadham 153
    Ingredientes 153
    método 154
Palacio Pulao 155
    Ingredientes 155
    método 156
Lemongrass y chile verde Pulao 157
    Ingredientes 157
    método 157
Arroz con tomate y cebolleta 158
    Ingredientes 158
    método 158
sofiyani pulao 160
    Ingredientes 160
    Para la marinada: 160
    método 161
arroz frito indio 162

Ingredientes 162

método 162

Peshawar Biryani 163

Ingredientes 163

método 164

Eneldo Pulao 165

Ingredientes 165

método 166

pulao de cordero 167

Ingredientes 167

Para la mezcla de especias: 167

método 168

ghee chawal 169

Ingredientes 169

método 169

Antes de Pongal 170

Ingredientes 170

método 171

Paneer Pulao 172

Ingredientes 172

método 173

Arroz de coco 174

Ingredientes 174

método 174

Azafrán Pulao 176

Ingredientes 176

método 176

Mezcla de Arroz Dhal 177
    Ingredientes 177
    método 178
Kairi Bhatt 179
    Ingredientes 179
    método 180
Langostino Khichdi 181
    Ingredientes 181
    método 182
Arroz Cuajado 183
    Ingredientes 183
    método 184
Hotpot con pollo y arroz 185
    Ingredientes 185
    método 186
Maíz Pulao 187
    Ingredientes 187
    método 188
Arroz Dhansak 189
    Ingredientes 189
    método 189
arroz integral 191
    Ingredientes 191
    método 191
Biryani de cordero 193
    Ingredientes 193
    Para la marinada: 193

- método 194
- Faada-ni-Khichdi 196
  - Ingredientes 196
  - método 197
- Urad Dal Roti 198
  - Ingredientes 198
  - método 199
- Murgh-Methi-Malai Paratha 200
  - Ingredientes 200
  - método 201
- Meethi Puri 202
  - Ingredientes 202
  - método 202
- Kulca 204
  - Ingredientes 204
  - método 204
- Naan de ajo y queso 206
  - Ingredientes 206
  - método 207
- Roti de tres harinas 208
  - Ingredientes 208
  - método 208
- Sheera Chapatti 209
  - Ingredientes 209
  - método 209
- Bhakri 211
  - Ingredientes 211

método 211
Chapatti 212
    Ingredientes 212
    método 212
Roti de arroz y coco 213
    Ingredientes 213
    método 213
Paratha de huevo 214
    Ingredientes 214
    método 214
Cebolla Paneer Kulcha 216
    Ingredientes 216
    método 216
Gobi Paratha 217
    Ingredientes 217
    método 218
Mezcla de harina roti 219
    Ingredientes 219
    método 220
Theplas 221
    Ingredientes 221
    método 222
Puri 223
    Ingredientes 223
    método 223

Buñuelos picantes de plátano

Oferta 4

Ingredientes

4 plátanos maduros

125 g/4½ oz de besán*

75 ml / 2½ ml de agua

½ cucharadita de chile en polvo

¼ de cucharadita de cúrcuma

½ cucharadita de amchoor*

Agregar sal al gusto

Aceite vegetal purificado para freír

método

- Cueza al vapor los plátanos con la piel durante 7-8 minutos. Pelar y cortar. Déjalo a un lado.

- Mezcle todos los demás ingredientes excepto el aceite en una masa espesa. Déjalo a un lado.

- Calienta el aceite en el sarten. Sumergir las rodajas de plátano en la masa y freír a fuego medio hasta que estén doradas.

- Servir caliente con chutney de menta

masala dosa

(Crepe con relleno de patata picante)

Hace 10-12

Ingredientes

2 cucharadas de aceite vegetal refinado

½ cucharada de urad dhal*

½ cucharadita de semillas de comino

½ cucharadita de semillas de mostaza

2 cebollas grandes, finamente picadas

¼ de cucharadita de cúrcuma

Agregar sal al gusto

2 papas grandes hervidas y ralladas

1 cucharada de hojas de cilantro picadas

Dosa fresca Sada

método

- Calienta el aceite en el sarten. Agregue semillas de urad dhal, comino y mostaza. Déjalos rociar durante 15 segundos. Agrega las cebollas y fríelas hasta que estén transparentes.

- Agregue la cúrcuma, la sal, las papas y las hojas de cilantro. Mezclar bien y retirar del fuego.

- Coloque una cucharada de esta mezcla de papas en el centro de cada Sada Dosa.

- Dobla el triángulo para cubrir la mezcla de papas. Servir caliente con chutney de coco

kebab de soja

Hacer 2

Ingredientes

500 g/1 lb 2 oz de trozos de soya remojados durante la noche

1 cebolla, picada

3-4 dientes de ajo

Raíz de jengibre de 2,5 cm / 1 pulgada

1 cucharadita de jugo de limón

2 cucharadas de cilantro picado

2 cucharadas de almendras remojadas y picadas

½ cucharada de garam masala

½ cucharadita de chile en polvo

1 cucharadita de chat masala*

Aceite vegetal purificado para freír poco profundo

método

- Escurrir los trozos de soja. Agregue todos los demás ingredientes excepto el aceite. Moler en una masa espesa y colocar en el refrigerador durante 30 minutos.

- Divide la mezcla en bolas del tamaño de una nuez y aplástalas.

- Calienta el aceite en el sarten. Añadir las brochetas y freír hasta que estén doradas. Servir caliente con chutney de menta

Avena Idli

(pastel de avena)

hace 12

Ingredientes

4 cucharadas de aceite vegetal purificado

150 g/5½ oz de avena

120ml/4ml de crema agria

¼ de cucharadita de semillas de mostaza

¼ de cucharadita de semillas de comino

5 chiles verdes, picados

1 cm/½ en raíz de jengibre picada

4 cucharadas de hojas de cilantro picadas

Agregar sal al gusto

4-5 hojas de curry

método

- Caliente 1 cucharadita de aceite en una sartén. Agrega la avena y fríe por 30 segundos. Agregue crema agria. Déjalo a un lado.

- Calentar el aceite restante en una sartén. Agregue semillas de mostaza, semillas de comino, chiles verdes, jengibre, hojas de cilantro, sal y hojas de curry. Freír durante 2 minutos.

- Agregue esto a la avena. Ponga a un lado durante 10 minutos.

- Vierta la sémola en moldes para muffins o idli engrasados. Cocer al vapor durante 15 minutos. Retire de los moldes. Servir caliente.

Carne con huevos y patatas

Oferta 4

Ingredientes

4 huevos duros, picados

2 papas hervidas y ralladas

½ cucharadita de pimienta negra molida

2 chiles verdes, picados

1 cm/½ en raíz de jengibre picada

2 dientes de ajo, picados

½ cucharadita de jugo de limón

Agregar sal al gusto

Aceite vegetal purificado para freír poco profundo

método

- Mezclar todos los ingredientes excepto el aceite.

- Córtalo en bolas del tamaño de una nuez y presiónalas en pedazos.

- Calienta el aceite en el sarten. Añadir las kotas y freír hasta que estén doradas.

- Servir caliente.

Chivda

(Mezcla de arroz encerado)

Oferta 4

Ingredientes

2 cucharadas de aceite vegetal refinado

1 cucharada de semillas de mostaza

½ cucharadita de semillas de comino

½ cucharadita de cúrcuma

8 hojas de curry

750g/1lb 10oz poha*

125 g/4½ oz de maní

75 g / 2½ oz de chana dhal*, maduro

1 cucharada de azúcar en polvo

Agregar sal al gusto

método

- Calienta el aceite en el sarten. Agregue semillas de mostaza, semillas de comino, cúrcuma y hojas de curry. Déjalos rociar durante 15 segundos.

- Añadimos el resto de ingredientes y sofreímos durante 4-5 minutos a fuego lento.

- Deje que se enfríe por completo. Almacenar en un recipiente hermético.

NOTA:*Esto se puede almacenar hasta por 15 días.*

pan bhajja

(pan)

Oferta 4

Ingredientes

85 g/3 oz de harina de maíz

1 cebolla, picada

½ cucharadita de chile en polvo

1 cucharadita de cilantro molido

Agregar sal al gusto

75 ml / 2½ ml de agua

8 rebanadas de pan cortadas en cuartos

Aceite vegetal purificado para freír

método

- Mezcle todos los ingredientes excepto el pan y el aceite en una masa espesa.

- Calienta el aceite en el sarten. Sumergir los trozos de pan en la masa y freír hasta que estén dorados.

- Sirva caliente con ketchup o chutney de menta.

Huevo Masala

Oferta 4

Ingredientes

2 cebollas pequeñas, picadas

2 chiles verdes, picados

2 cucharadas de aceite vegetal refinado

1 cucharada de pasta de jengibre

1 cucharadita de pasta de ajo

1 cucharadita de chile en polvo

½ cucharadita de cúrcuma

1 cucharadita de cilantro molido

1 cucharadita de comino molido

½ cucharada de garam masala

2 tomates, finamente picados

2 cucharadas de besan*

Agregar sal al gusto

25 g/ 1 oz de hojas finas de cilantro, picadas

8 huevos cocidos y partidos por la mitad

método

- Muele la cebolla picada y el chile verde hasta obtener una pasta espesa.

- Calienta el aceite en el sarten. Agrega esta pasta junto con la pasta de jengibre, la pasta de ajo, el chile en polvo, la cúrcuma, el cilantro molido, el comino molido y el garam masala. Mezclar bien y freír durante 3 minutos, revolviendo constantemente.

- Añadir los tomates y sofreír durante 4 minutos.

- Agregue besan y sal. Mezcle bien y cocine a fuego lento por otro momento.

- Agregue las hojas de cilantro y cocine por otros 2-3 minutos a fuego medio.

- Agregue los huevos y mezcle suavemente. El masala debe cubrir bien los huevos por todos lados. Cocine a fuego lento durante 3-4 minutos.

- Servir caliente.

Gambas Pakoda

(camarón frito)

Oferta 4

Ingredientes

250 g/9 oz de gambas, peladas y desvenadas

Agregar sal al gusto

375g/13oz besán*

1 cucharada de pasta de jengibre

1 cucharadita de pasta de ajo

½ cucharadita de cúrcuma

1 cucharada de garam masala

150 ml / 5 ml de agua

Aceite vegetal purificado para freír

método

- Marinar los camarones con sal durante 20 minutos.
- Agrega el resto de los ingredientes excepto el aceite.
- Agregue suficiente agua para formar una masa espesa.
- Calienta el aceite en el sarten. Añadir una cucharada pequeña de masa y freír a fuego medio hasta que estén doradas. Escurrir sobre papel absorbente.
- Servir caliente con chutney de menta.

cangrejos de queso

Oferta 6

Ingredientes

2 cucharadas de harina blanca normal

240ml/8ml de leche

4 cucharadas de mantequilla

1 cebolla mediana, picada

Agregar sal al gusto

150 g de queso de cabra escurrido

150 g/5½ oz de queso cheddar, rallado

12 rebanadas de pan

2 huevos batidos

método

- Mezcle la harina, la leche y 1 cucharadita de mantequilla en una cacerola. Llevar a ebullición, con cuidado de que no se formen grumos. Hervir hasta que la mezcla espese. Déjalo a un lado.
- Caliente la mantequilla restante en una cacerola. Freír la cebolla a fuego medio hasta que esté blanda.
- Agrega la sal, el queso de cabra, el queso cheddar y la mezcla de harina. Mezcle bien y deje reposar.
- Engrasa las rebanadas de pan. Extienda una cucharada de la mezcla de queso sobre las 6 rebanadas y cubra con las otras 6 rebanadas.
- Cepille la parte superior de estos sándwiches con un huevo batido.
- Hornee en un horno precalentado a 180°C (350°F/Gas Mark 6) durante 10-15 minutos hasta que estén doradas. Servir caliente con ketchup.

mysore-bonda

(Empanada de harina frita del sur de la India)

hace 12

Ingredientes

175 g/6 oz de harina blanca normal

1 cebolla pequeña, picada

1 cucharada de harina de arroz

120ml/4ml de crema agria

Una pizca de bicarbonato de sodio

2 cucharadas de hojas de cilantro picadas

Agregar sal al gusto

Aceite vegetal purificado para freír

método

- Preparar la masa mezclando todos los ingredientes excepto el aceite. Ponga a un lado durante 3 horas.
- Calienta el aceite en el sarten. Vierta cucharadas de masa y fría a fuego medio hasta que estén doradas. Servir caliente con ketchup.

Radhabalabhi

(Bonitos rollos bengalíes)

Hace 12-15

Ingredientes

4 cucharadas de mung dhal*

4 cucharaditas de dhal*

4 clavos

3 vainas de cardamomo verde

½ cucharadita de semillas de comino

3 cucharadas de ghee y extra para freír

Agregar sal al gusto

350 g/12 oz de harina blanca normal

método

- Remoja el dhal por la noche. Escurrir el agua y moler hasta obtener una masa. Déjalo a un lado.
- Moler juntos los clavos, el cardamomo y las semillas de comino.
- Caliente 1 cucharada de ghee en una sartén. Freír las especias molidas durante 30 segundos. Agregue pasta

de dhal y sal. Revuélvelos a fuego medio hasta que se sequen. Déjalo a un lado.

- Mezcle la harina con 2 cucharadas de ghee, sal y agua para hacer una masa firme. Cortar en bolas del tamaño de un limón. Enrolle en discos y coloque una cucharada de dhal frito en el centro de cada uno. Cierra como una bolsa.
- Enrolle las bolsas en puris gruesos, cada uno de 10 cm de diámetro. Déjalo a un lado.
- Caliente el ghee en una sartén. Freír los puris hasta que estén dorados.
- Escurrir sobre papel absorbente y servir caliente.

medu vada

(Pastel de Lentejas Fritas)

Oferta 4

Ingredientes

300 g / 10 oz de urad dhal*, remojado durante 6 horas

Agregar sal al gusto

¼ de cucharadita de asafétida

8 hojas de curry

1 cucharadita de semillas de comino

1 cucharadita de pimienta negra molida

Verduras procesadas para freír

método

- Escurra el urad dhal y tritúrelo hasta obtener una pasta espesa y seca.
- Agregue todos los demás ingredientes excepto el aceite y mezcle bien.
- Moja tus palmas. Forme la masa en una bola del tamaño de un limón, aplane y haga un agujero en el medio como una dona. Repita con el resto de la masa.
- Calienta el aceite en el sarten. Freír las vadas hasta que estén doradas.
- Servir caliente con sambhar.

Tortilla con tomates

hace 10

Ingredientes

2 tomates grandes, finamente picados

180 g/6½ oz de besán*

85g/3oz de harina integral

2 cucharadas de avena

1 cebolla grande, picada

½ cucharadita de pasta de jengibre

½ cucharadita de pasta de ajo

¼ de cucharadita de cúrcuma

½ cucharadita de chile en polvo

1 cucharadita de cilantro molido

½ cucharadita de comino molido, asado en seco

25 g/ 1 oz de hojas finas de cilantro, picadas

Agregar sal al gusto

120 ml/4 ml onza de agua

Verduras procesadas para untar

método

- Mezcle todos los ingredientes excepto el aceite en una masa espesa.
- Engrasa y calienta una sartén plana. Extender una cucharada de masa por encima.
- Rocíe aceite alrededor de la tortilla, cubra con una tapa y cocine a fuego medio durante 2 minutos. Gira y repite. Repita para el resto de la masa.
- Servir caliente con salsa de tomate o chutney de menta

huevos bhurji

(Huevos Revueltos Picantes)

Oferta 4

Ingredientes

4 cucharadas de aceite vegetal purificado

½ cucharadita de semillas de comino

2 cebollas grandes, picadas

8 dientes de ajo, picados

½ cucharadita de cúrcuma

3 chiles verdes, finamente picados

2 tomates, finamente picados

Agregar sal al gusto

8 huevos batidos

10 g/¼ oz de hojas de cilantro picadas

método

- Calienta el aceite en el sarten. Agregue semillas de comino. Déjalos rociar durante 15 segundos. Agregue las cebollas y fríalas a fuego medio hasta que estén transparentes.
- Agregue el ajo, la cúrcuma, el chile verde y los tomates. Freír durante 2 minutos. Agregue los huevos y cocine, revolviendo constantemente, hasta que los huevos estén cocidos.
- Decorar con hojas de cilantro y servir caliente.

chuletas de huevo

hace 8

Ingredientes

240ml/8ml oz de aceite vegetal clarificado

1 cebolla grande, picada

1 cucharada de pasta de jengibre

1 cucharadita de pasta de ajo

Agregar sal al gusto

½ cucharadita de pimienta negra molida

2 papas grandes, hervidas y ralladas

8 huevos duros, partidos por la mitad

1 huevo batido

100 g/3½ oz de pan rallado

método

- Calienta el aceite en el sarten. Agregue la cebolla, la pasta de jengibre, la pasta de ajo, la sal y la pimienta negra. Freír a fuego medio hasta que se doren.
- Agrega las papas. Hornee por 2 minutos.
- Retire las yemas de huevo y agréguelas a la mezcla de papas. Mezclar bien.
- Rellena los huevos revueltos con la mezcla de patata y yema.
- Pasarlos por huevo batido y pasarlos por pan rallado. Déjalo a un lado.
- Calienta el aceite en el sarten. Freír los huevos hasta que estén dorados. Servir caliente.

Tío Moody

(Arroz inflado picante)

Sirve 5-6

Ingredientes

300 g/10 oz de cúrcuma*

1 pepino finamente picado

125g/4½oz chana cocida*

1 patata grande cocida y cortada

125 g/4½ oz de maní tostado

1 cebolla grande, picada

25 g/ 1 oz de hojas finas de cilantro, picadas

4-5 cucharadas de aceite de mostaza

1 cucharada de comino molido, asado seco

2 cucharadas de jugo de limón

Agregar sal al gusto

método

- Mezclar todos los ingredientes para mezclar bien. Servir inmediatamente.

tofu tikka

hace 15

Ingredientes

300 g/10 oz de tofu cortado en trozos de 5 cm

1 pimiento verde picado

1 tomate picado

1 cebolla grande, picada

1 cucharadita de chat masala*

250g/9oz yogur griego

½ cucharada de garam masala

½ cucharadita de cúrcuma

1 cucharadita de pasta de ajo

1 cucharadita de jugo de limón

Agregar sal al gusto

1 cucharada de aceite vegetal purificado

Para la marinada:

25 g/ 1 oz de hojas finas de cilantro, molidas

25 g/ 1 oz de hojas finas de menta, molidas

método

- Mezcla los ingredientes de la marinada. Marinar el tofu con la mezcla durante 30 minutos.
- Ase con pimentón, tomates y rodajas de cebolla durante 20 minutos, volteando de vez en cuando.
- Espolvorea chaat masala encima. Servir caliente con chutney de menta

hola cable

(Mezcla picante con patatas, garbanzos y tamarindo)

Oferta 4

Ingredientes

3 patatas grandes hervidas y picadas finamente

250g/9oz guisantes blancos*, hervido

1 cebolla grande, picada

1 chile verde, finamente picado

2 cucharadas de pasta de tamarindo

2 cucharadas de semillas de comino tostadas secas, molidas

10 g/¼ oz de hojas de cilantro picadas

Agregar sal al gusto

método

- Mezclar todos los ingredientes en un bol. Haz un puré ligero.
- Servir frío o a temperatura ambiente.

tortilla masala

hace 6

Ingredientes

8 huevos batidos

1 cebolla grande, picada

1 tomate picado finamente

4 chiles verdes, finamente picados

2-3 dientes de ajo picados

2,5 cm/1 pulgada de jengibre picado

3 cucharadas de hojas de cilantro picadas

1 cucharadita de chat masala*

½ cucharadita de cúrcuma

Agregar sal al gusto

6 cucharadas de aceite vegetal refinado

método

- Mezclar todos los ingredientes excepto el aceite y mezclar bien.
- Calentar una sartén y poner 1 cucharada de aceite en ella. Extienda una sexta parte de la mezcla de huevo sobre ella.
- Cuando la tortilla se haya endurecido, dale la vuelta y cocina el otro lado a fuego medio.
- Repita con el resto de la masa.
- Servir caliente con ketchup o chutney de menta

masala de maní

Oferta 4

Ingredientes

500g/1lb 2oz cacahuetes tostados

1 cebolla grande, picada

3 chiles verdes, finamente picados

25 g/ 1 oz de hojas finas de cilantro, picadas

1 patata grande cocida y cortada

1 cucharadita de chat masala*

1 cucharada de jugo de limón

Agregar sal al gusto

método

- Mezclar todos los ingredientes para mezclar bien. Servir inmediatamente.

Uadi de Kothmir

(Bolas Fritas de Cilantro)

Hace 20-25

Ingredientes

100 g/3½ oz de hojas de cilantro picadas

250g/9oz besán*

45 g/1½ oz de harina de arroz

3 chiles verdes, finamente picados

½ cucharadita de pasta de jengibre

½ cucharadita de pasta de ajo

1 cucharada de semillas de sésamo

1 cucharadita de cúrcuma

1 cucharadita de cilantro molido

1 cucharadita de azúcar

¼ de cucharadita de asafétida

¼ de cucharadita de bicarbonato de sodio

Agregar sal al gusto

150 ml / 5 ml de agua

Aceite vegetal refinado para freír y freír

método

- En un bol, mezclar todos los ingredientes, excepto el aceite. Agregue un poco de agua para hacer una masa espesa.
- Engrasa con aceite un molde redondo de 20 cm y vierte la masa en él.
- Vapor durante 10-15 minutos. Deje reposar durante 10 minutos para que se enfríe. Dividir la masa al vapor en trozos cuadrados.
- Calienta el aceite en el sarten. Freír las piezas hasta que estén doradas por ambos lados. Servir caliente.

Rollos de Arroz y Maíz

Oferta 4

Ingredientes

100 g de arroz al vapor, rallado

200 g/7 oz de granos de maíz hervidos

125 g/4½ oz de besán*

1 cebolla grande, picada

1 cucharada de garam masala

½ cucharadita de chile en polvo

10 g/¼ oz de hojas de cilantro picadas

Jugo de 1 limón

Agregar sal al gusto

Aceite vegetal purificado para freír

método

- Mezcla todos los ingredientes excepto el aceite.
- Calienta el aceite en el sarten. Vierte cucharadas pequeñas de la mezcla en el aceite y fríelas hasta que estén doradas por todos lados.
- Escurrir sobre papel absorbente. Servir caliente.

chuletas dahi

(trozos de yogur)

Oferta 4

Ingredientes

600g/1lb 5oz yogur griego

Agregar sal al gusto

3 cucharadas de hojas de cilantro picadas

6 chiles verdes, finamente picados

200 g / 7 oz de pan rallado

1 cucharada de garam masala

2 cucharaditas de nueces picadas

2 cucharadas de harina blanca normal

½ cucharadita de bicarbonato de sodio

90 ml / 3 ml de agua

Aceite vegetal purificado para freír

método

- Mezcle la sal, las hojas de cilantro, el chile, el pan rallado y el garam masala en el yogur. Cortar en trozos del tamaño de un limón.

- Presione las nueces picadas en el centro de cada porción. Déjalo a un lado.
- Mezcla la harina, el bicarbonato de sodio y suficiente agua para formar una masa delgada. Sumergir las chuletas en la masa y reservar.
- Calienta el aceite en el sarten. Freír las cottas hasta que estén doradas.
- Servir caliente con chutney de menta

Uthappam

(tortita de arroz)

hace 12

Ingredientes

500g/1lb 2oz arroz

150 g / 5½ oz de urad dhal*

2 cucharadas de semillas de fenogreco

Agregar sal al gusto

12 cucharadas de aceite vegetal purificado

método

- Mezcla todos los ingredientes excepto el aceite. Remoje en agua durante 6-7 horas. Escúrralos y tritúrelos hasta obtener una masa fina. Dejar reposar durante 8 horas para que fermente.
- Caliente una sartén y cubra con 1 cucharadita de aceite.
- Vierta una cucharada grande de masa. Extender como un panqueque.
- Cocine a fuego lento durante 2-3 minutos. Gira y repite.
- Repita con el resto de la masa. Servir caliente.

Koraishutir Koçuri

(pan relleno de guisantes)

Oferta 4

Ingredientes

175 g/6 oz de harina blanca normal

¾ de cuchara de sal

2 cucharadas de ghee y extra para freír

500 g/1 lb 2 oz guisantes congelados

Raíz de jengibre de 2,5 cm / 1 pulgada

4 chiles verdes pequeños

2 cucharadas de semillas de hinojo

¼ de cucharadita de asafétida

método

- Mezcle la harina con ¼ de cucharadita de sal y 2 cucharadas de ghee. Déjalo a un lado.
- Moler los guisantes, el jengibre, el chile y el hinojo hasta obtener una pasta fina. Déjalo a un lado.
- Calentar una cucharadita de ghee en una sartén. Freír la asafétida durante 30 segundos.
- Agregue la pasta de guisantes y ½ cucharadita de sal. Freír durante 5 minutos. Déjalo a un lado.

- Divide la masa en 8 bolas. Aplane y rellene cada uno con la mezcla de guisantes. Sella como una bolsa y vuelve a aplanar. Enrolle en discos redondos.
- Caliente el ghee en una sartén. Añadir los platos rellenos y freír a fuego medio hasta que estén dorados. Escurrir sobre papel absorbente y servir caliente.

kanda vada

(rebanada de cebolla)

Oferta 4

Ingredientes

4 cebollas grandes, en rodajas

4 chiles verdes, finamente picados

10 g/¼ oz de hojas de cilantro picadas

¾ cucharadita de pasta de ajo

¾ cucharadita de pasta de jengibre

½ cucharadita de cúrcuma

Una pizca de bicarbonato de sodio

Agregar sal al gusto

250g/9oz besán*

Aceite vegetal purificado para freír

método

- Mezclar todos los ingredientes excepto el aceite. Hervir y reservar durante 10 minutos.
- Calienta el aceite en el sarten. Añadir una cucharada de la mezcla al aceite y freír a fuego medio hasta que estén doradas. Servir caliente.

hola tuk

(Aperitivo de patata picante)

Oferta 4

Ingredientes

8-10 patatas baby, precocidas

Agregar sal al gusto

Aceite vegetal refinado para freír

2 cucharadas de chutney de menta

2 cucharadas de tomate dulce

1 cebolla grande, picada

2-3 chiles verdes, finamente picados

1 cucharada de sal negra, molida

1 cucharadita de chat masala*

Jugo de 1 limón

método

- Presione ligeramente las papas para que queden planas. Espolvorear sal por encima.
- Calienta el aceite en el sarten. Añadir las patatas y freír hasta que estén doradas por ambos lados.

- Transfiere las papas a un plato para servir. Cubra con menta y chutney de tomate dulce.
- Espolvorea la cebolla, el chile verde, la sal negra, el chaat masala y el jugo de limón encima. Servir inmediatamente.

corte de coco

hace 10

Ingredientes

200 g / 7 oz de coco rallado fresco

Raíz de jengibre de 2,5 cm / 1 pulgada

4 chiles verdes

2 cebollas grandes, picadas

50g/1¾oz hojas de cilantro

4-5 hojas de curry

Agregar sal al gusto

2 papas grandes, hervidas y ralladas

2 huevos batidos

100 g/3½ oz de pan rallado

Aceite vegetal purificado para freír

método

- Moler juntos el coco, el jengibre, el chile, la cebolla, las hojas de cilantro y las hojas de curry. Déjalo a un lado.
- Agregue sal a las papas y mezcle bien.
- Haz bolitas de patata del tamaño de un limón y aplanalas en la palma de tu mano.

- Coloque la mezcla de coco molido en el centro de cada hamburguesa. Cerrar como una bolsa y aplanar con cuidado.
- Sumergir cada pieza en huevo batido y rebozar en pan rallado.
- Calienta el aceite en el sarten. Freír las cottas hasta que estén doradas.
- Escurrir sobre papel absorbente y servir caliente con chutney de menta

Mung Brote Dhokla

(brotes de frijol mungo al vapor)

Hace 20

Ingredientes

200 g/7 oz de frijol mungo germinado

150 g/5½ oz mung dhal*

2 cucharadas de crema agria

Agregar sal al gusto

2 cucharadas de zanahorias ralladas

Aceite vegetal purificado para lubricación

método

- Mezcle frijoles mung, mung dhal y yogur. Muela hasta obtener una pasta suave. Hervir durante 3-4 horas. Añadir sal y reservar.
- Engrasa un molde redondo para tarta de 20 cm. Vierta la mezcla de dhal en él. Espolvorea las zanahorias por encima y cocina durante 7 minutos.
- Cortar en trozos y servir caliente.

Paneer Pakoda

(Paneer frito con mantequilla)

Oferta 4

Ingredientes

2½ cucharaditas de chile en polvo

1¼ cucharadita de amchoor*

Panel 250g/9oz*, cortado en trozos grandes

8 cucharadas de besan*

Agregar sal al gusto

Una pizca de bicarbonato de sodio

150 ml / 5 ml de agua

Aceite vegetal purificado para freír

método

- Mezcle 1 cucharada de chile en polvo y amchoor. Marinar los trozos de paneer con la mezcla durante 20 minutos.
- Mezcle el besan con el chile en polvo restante, la sal, el bicarbonato de sodio y suficiente agua para formar una pasta.
- Calienta el aceite en el sarten. Sumerja cada trozo de paneer en la masa y fríalos a fuego medio hasta que estén dorados.
- Servir caliente con chutney de menta

pastel de carne indio

Oferta 4

Ingredientes

500 g / 1 lb 2 oz carne molida

200 g / 7 oz rebanadas de tocino

½ cucharadita de pasta de jengibre

½ cucharadita de pasta de ajo

2 chiles verdes, picados

½ cucharadita de pimienta negra molida

¼ de cucharadita de nuez moscada, rallada

Jugo de 1 limón

Agregar sal al gusto

2 huevos batidos

método

- En una olla, mezcle todos los ingredientes excepto el huevo.
- Cocine a fuego alto hasta que la mezcla se seque. Ponga a un lado para enfriar.
- Añadir los huevos batidos y mezclar bien. Vierta en un molde para pasteles de 20 x 10 cm/8 x 4 pulgadas.
- Cueza al vapor la mezcla durante 15-20 minutos. Dejar enfriar durante 10 minutos. Cortar en rodajas y servir caliente.

paneer tikka

(Paneer Patty)

Oferta 4

Ingredientes

Panel 250g/9oz*, cortado en 12 partes

2 tomates, cortados en cuartos y sin pulpa

2 pimientos verdes, cortados y en cuartos

2 cebollas medianas, en cuartos

3-4 hojas de col, cortadas

1 cebolla pequeña, en rodajas finas

Para la marinada:

1 cucharada de pasta de jengibre

1 cucharadita de pasta de ajo

250g/9oz yogur griego

2 cucharadas de crema

Agregar sal al gusto

método

- Mezcla los ingredientes de la marinada. Marinar el paneer, los tomates, el pimiento y la cebolla en esta mezcla durante 2-3 horas.
- Salpimiente uno tras otro y cocine a la parrilla sobre carbón hasta que las piezas del panel se doren.
- Adorne con repollo y cebolla. Servir caliente.

gatitos paneers

hace 10

Ingredientes

1 cucharada de manteca

2 cebollas grandes, picadas

Jengibre rallado 2,5 cm

2 chiles verdes, picados

4 dientes de ajo, picados

3 papas hervidas y ralladas

300 g/10 oz de queso de cabra, escurrido

1 cucharada de harina blanca normal

3 cucharadas de hojas de cilantro picadas

50g/1¾oz pan rallado

Agregar sal al gusto

Aceite vegetal refinado para freír

método

- Caliente el ghee en una sartén. Agregue las cebollas, el jengibre, el chile y el ajo. Freír, revolviendo con frecuencia, hasta que la cebolla se dore. Alejar del calor.
- Añadir las patatas, el queso de cabra, la harina, las hojas de cilantro, el pan rallado y la sal. Lo mezclamos con cuidado y le damos a la masa en forma de gatito.
- Calienta el aceite en el sarten. Freír los filetes hasta que estén dorados. Servir caliente.

dhal kebab

(Dhal Kebab)

hace 12

Ingredientes

600g/1lb 5oz masor dhal*

1,2 litros / 2 litros de agua

Agregar sal al gusto

3 cucharadas de hojas de cilantro picadas

3 cucharadas de harina de maíz

3 cucharadas de pan rallado

1 cucharadita de pasta de ajo

Aceite vegetal purificado para freír

método

- Cuece el dhal con agua y sal en una olla a fuego medio durante 30 minutos. Escurrir el exceso de agua y triturar el dhal cocido con una cuchara de madera.
- Agregue todos los demás ingredientes excepto el aceite. Mezclar bien y dar forma a la mezcla en 12 hamburguesas.
- Calienta el aceite en el sarten. Freír los filetes hasta que estén dorados. Escurrir sobre papel absorbente y servir caliente.

Deliciosas bolas de arroz

Oferta 4

Ingredientes

100 g/3½ oz de arroz al vapor

125 g/4½ oz de besán*

125 g/4½ oz de yogur

½ cucharadita de chile en polvo

¼ de cucharadita de cúrcuma

1 cucharada de garam masala

Agregar sal al gusto

Aceite vegetal purificado para freír

método

- Triture el arroz con una cuchara de madera. Agregue todos los demás ingredientes excepto el aceite y mezcle bien. Esto debería hacer una masa con la consistencia de una mezcla para pastel. Añadir agua si es necesario.
- Calienta el aceite en el sarten. Añadir cucharadas de masa y freír a fuego medio hasta que estén doradas.
- Escurrir sobre papel absorbente y servir caliente.

rotis nutritivos

Oferta 4

Ingredientes
Para rellenar:

1 cucharadita de semillas de comino

1 cucharadita de mantequilla

1 papa hervida, rallada

1 huevo cocido, finamente picado

1 cucharada de hojas de cilantro picadas

½ cucharadita de chile en polvo

Una pizca de pimienta negra molida

Una pizca de garam masala

1 cucharada de cebolla verde, picada

Agregar sal al gusto

Para ratones:

85g/3oz de harina integral

1 cucharadita de aceite vegetal refinado

Una pizca de sal

método

- Mezclar todos los ingredientes del relleno y triturar bien. Déjalo a un lado.
- Mezcle todos los ingredientes roti juntos. Amasar en una masa suave.
- Forme la masa en bolas del tamaño de una nuez y enróllelas en discos.
- Extienda el relleno picado fina y uniformemente en cada plato. Enrolle cada hoja en un rollo apretado.
- Freír los rollos un poco en una sartén caliente. Servir caliente.

Brocheta de pollo a la menta

Hace 20

Ingredientes

500g/1lb 2oz pollo molido

50 g/1¾ oz de hojas de menta picadas

4 chiles verdes, finamente picados

1 cucharadita de cilantro molido

1 cucharadita de comino molido

Jugo de 1 limón

1 cucharada de pasta de jengibre

1 cucharadita de pasta de ajo

1 huevo batido

1 cucharada de harina de maíz

Agregar sal al gusto

Aceite vegetal refinado para freír

método

- Mezclar todos los ingredientes excepto el aceite. Amasar en una masa suave.
- Dividir la masa en 20 piezas y aplanar cada una.
- Calienta el aceite en el sarten. Freír las brochetas a fuego medio hasta que estén doradas. Servir caliente con chutney de menta

Patatas Fritas Masala

Oferta 4

Ingredientes

200 g/7 oz de patatas fritas saladas simples

2 cebollas, picadas

10 g/¼ oz de hojas de cilantro picadas

2 cucharaditas de jugo de limón

1 cucharadita de chat masala*

Agregar sal al gusto

método

- Triturar las patatas fritas. Agregue todos los ingredientes y mezcle bien.
- Servir inmediatamente.

Samosas de verduras mixtas

(Deliciosas Verduras Mixtas)

hace 10

Ingredientes

2 cucharadas de aceite vegetal clarificado y extra para freír

1 cebolla grande, picada

175 g/6 oz de pasta de jengibre

1 cucharadita de comino molido, tostado seco

Agregar sal al gusto

2 patatas hervidas y picadas finamente

125 g/4½ oz guisantes cocidos

Para los pasteles:

175 g/6 oz de harina blanca normal

Una pizca de sal

2 cucharadas de aceite vegetal refinado

100 ml/3½ ml onza de agua

método

- Calentar 2 cucharadas de aceite en una sartén. Agregue la cebolla, el jengibre y el comino molido. Freír durante 3-5 minutos, revolviendo todo el tiempo.
- Añadir la sal, las patatas y los guisantes. Mezclar bien y machacar. Déjalo a un lado.
- Haga conos de masa con los ingredientes de la masa, como en la receta de Patata Samosa
- Rellene cada cono con 1 cucharada de mezcla de papa y guisantes y selle los bordes.
- Calienta el aceite en una sartén y fríe los conos hasta que estén dorados.
- Escurrir y servir caliente con ketchup o chutney de menta

Rollos de harina

hace 12

Ingredientes

500g/1lb 2oz cordero picado

2 chiles verdes, picados

2,5 cm/1 pulgada de jengibre picado

2 dientes de ajo, picados

1 cucharada de garam masala

1 cebolla grande, picada

25 g/ 1 oz de hojas finas de cilantro, picadas

1 huevo batido

Agregar sal al gusto

50g/1¾oz pan rallado

Aceite vegetal purificado para freír poco profundo

método

- Mezclar todos los ingredientes excepto el pan rallado y el aceite. Divide la masa en 12 partes cilíndricas. Pasar por pan rallado. Déjalo a un lado.
- Calienta el aceite en el sarten. Freír los bollos a fuego lento hasta que estén dorados por todos lados.
- Servir caliente con chutney de coco verde

kebab goli

(Rollitos de verduras)

hace 12

Ingredientes

1 zanahoria grande, en rodajas

50g/1¾oz judías verdes picadas

50g/1¾oz repollo, finamente picado

1 cebolla pequeña, rallada

1 cucharadita de pasta de ajo

2 chiles verdes

Agregar sal al gusto

½ cucharada de azúcar en polvo

½ cucharadita de amchoor*

50g/1¾oz pan rallado

125 g/4½ oz de besán*

Aceite vegetal refinado para freír

método

- Mezclar todos los ingredientes excepto el aceite. Forma 12 cilindros.
- Calienta el aceite en el sarten. Freír los cilindros hasta que estén dorados.
- Servir caliente con ketchup.

Mathis

(Surries Fritos Gratis)

Hace 25

Ingredientes

350 g/12 oz de harina blanca normal

200 ml/7 ml de agua tibia

1 cucharada de manteca

1 cucharada de semillas de aiwán

1 cucharada de manteca

Agregar sal al gusto

Aceite vegetal purificado para freír

método

- Mezclar todos los ingredientes excepto el aceite. Amasar en una masa flexible.
- Divide la masa en 25 partes. Enrolle cada pieza en un disco de 5 cm de diámetro. Pinchar las hojas con un tenedor y reservar durante 30 minutos.
- Calienta el aceite en el sarten. Freír los platos hasta que adquieran un color dorado claro.
- Escurrir sobre papel absorbente. Dejar enfriar y guardar en un recipiente hermético.

Poha Pakoda

Oferta 4

Ingredientes

100g/3½oz poha*

500 ml / 16 ml de agua

125 g/4½ oz de maní, molido grueso

½ cucharadita de pasta de jengibre

½ cucharadita de pasta de ajo

2 cucharaditas de jugo de limón

1 cucharadita de azúcar

1 cucharadita de cilantro molido

½ cucharadita de comino molido

10 g/¼ oz de hojas de cilantro picadas

Agregar sal al gusto

Aceite vegetal purificado para freír

método

- Remoje el cerdo en agua durante 15 minutos. Escurrir y mezclar con el resto de ingredientes, excepto el aceite. Forma bolitas del tamaño de una nuez.
- Calienta el aceite en el sarten. Freír las bolas de poha a fuego medio hasta que se doren.
- Escurrir sobre papel absorbente. Servir caliente con chutney de menta

Hariyali Murgh Tikka

(pollo verde tikka)

Oferta 4

Ingredientes

650 g/1 lb 6 oz de pollo deshuesado, cortado en trozos de 5 cm/2 pulgadas

Aceite vegetal purificado para bronceado

Para la marinada:

Agregar sal al gusto

125 g/4½ oz de yogur

1 cucharada de pasta de jengibre

1 cucharada de pasta de ajo

25 g/ 1 oz de hojas finas de menta, molidas

25 g/ 1 oz de hojas finas de cilantro, molidas

50 g/1¾ oz de espinacas picadas

2 cucharadas de garam masala

3 cucharadas de jugo de limón

método

- Mezcla los ingredientes de la marinada. Marinar el pollo en esta mezcla durante 5-6 horas en el frigorífico. Retire del refrigerador al menos una hora antes de cocinar.
- Asa los trozos de pollo en una brocheta o en una sartén aceitada. Freír hasta que el pollo esté dorado por todos lados. Servir caliente.

mundo del kebab

(Brocheta de cordero del tamaño de un palo)

Hace 20

Ingredientes

500 g/1 lb 2 oz de cordero deshuesado cortado en trozos pequeños

1 cucharada de pasta de jengibre

2 cucharaditas de pasta de ajo

2 cucharadas de chiles verdes

½ cucharada de cilantro molido

½ cucharadita de comino molido

¼ de cucharadita de cúrcuma

1 cucharadita de chile en polvo

¾ cucharada de garam masala

Jugo de 1 limón

Agregar sal al gusto

método

- Mezcla bien todos los ingredientes y déjalo reposar durante 3 horas.
- Vierta sobre las piezas de cordero. Hornee en una parrilla de carbón durante 20 minutos hasta que estén doradas. Servir caliente.

Conversación

(Delicioso snack de patata)

Oferta 4

Ingredientes

Aceite vegetal refinado para freír

4 papas medianas, hervidas, peladas y cortadas en trozos de 2,5 cm

½ cucharadita de chile en polvo

Agregar sal al gusto

1 cucharadita de comino molido, tostado seco

1½ cucharadita de chai masala*

1 cucharadita de jugo de limón

2 cucharadas de chutney de mango picante y dulce

1 cucharada de chutney de menta

10 g/¼ oz de hojas de cilantro picadas

1 cebolla grande, picada

método

- Calienta el aceite en el sarten. Freír las patatas a fuego medio hasta que estén doradas por todos lados. Escurrir sobre papel absorbente.
- En un tazón, mezcle las papas con el chile en polvo, la sal, el comino molido, el chaat masala, el jugo de limón, el chutney de mango dulce y caliente y el chutney de menta. Adorne con hojas de cilantro y cebollas. Servir inmediatamente.

dosis de coco

(crepa de arroz con coco)

Hace 10-12

Ingredientes

250 g/9 oz de arroz, remojado durante 4 horas

100g/3½oz poha*, hervir durante 15 minutos

100 g/3½ oz de arroz al vapor

50g/1¾oz coco fresco rallado

50 g/1¾ oz de hojas de cilantro picadas

Agregar sal al gusto

12 cucharaditas de aceite vegetal refinado

método

- Moler todos los ingredientes excepto el aceite en una pasta espesa.
- Engrasa y calienta una sartén plana. Saque una cucharada de masa y extiéndala en una crepe delgada con el dorso de una cuchara. Rocíe una cucharadita de aceite por encima. Cocine hasta que estén crujientes. Repita para el resto de la masa.
- Servir caliente con chutney de coco

Fideos con frutos secos

hace 8

Ingredientes

50 g / 1¾ oz de frutas secas mixtas, picadas

2 cucharadas de chutney de mango picante y dulce

4 papas grandes, hervidas y ralladas

2 chiles verdes, picados

1 cucharada de harina de maíz

Agregar sal al gusto

Aceite vegetal refinado para freír

método

- Mezcle frutas secas en chutney de mango caliente y dulce. Déjalo a un lado.
- Mezcla las papas, los chiles verdes, la harina de maíz y la sal.
- Divide la mezcla en 8 bolas del tamaño de un limón. Aplanarlos presionándolos ligeramente entre las palmas de las manos.
- Coloque un poco de la mezcla de frutas secas en el centro de cada una y selle como una bolsa. Vamos a aplanarlo una vez más.

- Calienta el aceite en el sarten. Agregue los filetes y fríalos a fuego lento hasta que estén dorados por todos lados. Servir caliente.

Dosa con arroz hervido

Hace 10-12

Ingredientes

100 g/3½ oz de arroz al vapor

250g/9oz besán*

3-4 chiles verdes, finamente picados

1 cebolla, picada

50 g/1¾ oz de hojas de cilantro picadas

8 hojas de curry picadas

Un montón de asafétida

3 cucharadas de yogur

Agregar sal al gusto

150 ml / 5 ml de agua

12 cucharaditas de aceite vegetal refinado

método

- Mezcla todos los ingredientes juntos. Hervir ligeramente y añadir un poco de agua para hacer una pasta espesa.
- Engrasa y calienta una sartén plana. Vierta una cucharada de masa por encima y extiéndala en una crepe delgada. Vierta una cucharadita de aceite alrededor. Cocine hasta que estén crujientes. Repita para el resto de la masa.
- Servir caliente con chutney de coco

Fideos de plátano sin madurar

hace 10

Ingredientes

6 plátanos maduros, cocidos y rallados

3 chiles verdes, finamente picados

1 cebolla pequeña, picada

¼ de cucharadita de cúrcuma

1 cucharada de harina de maíz

1 cucharadita de cilantro molido

1 cucharadita de comino molido

1 cucharadita de jugo de limón

½ cucharadita de pasta de jengibre

½ cucharadita de pasta de ajo

Agregar sal al gusto

Aceite vegetal purificado para freír poco profundo

método

- Mezclar todos los ingredientes excepto el aceite. Trabaja duro.
- Dividir en 10 bolas iguales. Aplastarlos en fideos.
- Calienta el aceite en el sarten. Agregue algunos bistecs a la vez y fríalos hasta que estén dorados por todos lados.
- Servir caliente con ketchup o chutney de menta

sooji wada

(Sémola frita en polvo)

Hace 25-30

Ingredientes

200 g / 7 oz de avena

250 g / 9 onzas de yogur

1 cebolla grande, picada

Jengibre rallado 2,5 cm

8 hojas de curry

4 chiles verdes, finamente picados

½ coco fresco, molido

Agregar sal al gusto

Aceite vegetal purificado para freír

método

- Mezcle todos los ingredientes excepto el aceite en una masa espesa. Déjalo a un lado.
- Calienta el aceite en el sarten. Añadir con cuidado cucharadas de masa y freír a fuego medio hasta que estén doradas.
- Escurrir sobre papel absorbente. Servir caliente con chutney de menta

Bocaditos salados agridulces

Hace 20

Ingredientes

2 cucharadas de aceite vegetal refinado

1 cucharada de semillas de mostaza

1 cucharadita de semillas de sésamo

7-8 hojas de curry

2 cucharadas de hojas de cilantro, picadas

Para Muthia:

200 g/7 oz de arroz al vapor

50g/1¾oz repollo rallado

1 zanahoria mediana, rallada

125 g de guisantes congelados, descongelados y picados

4 chiles verdes, finamente picados

1 cucharada de pasta de jengibre

1 cucharadita de pasta de ajo

2 cucharadas de azúcar en polvo

2 cucharadas de jugo de limón

Una pizca de cúrcuma

1 cucharada de garam masala

3 cucharadas de salsa de tomate

Agregar sal al gusto

método

- Mezcle todos los ingredientes de muthia en un tazón. Trabaja duro.
- Transfiera la mezcla a un molde para pastel redondo de 20 cm engrasado y distribuya uniformemente.
- Ponga la cacerola en la olla y cocínela al vapor durante 15-20 minutos. Dejar enfriar durante 15 minutos. Cortar en trozos en forma de diamante. Déjalo a un lado.
- Calienta el aceite en el sarten. Agregue semillas de mostaza, semillas de sésamo y hojas de curry. Déjalos rociar durante 15 segundos.
- Vierta esto directamente sobre las muthias. Adorne con cilantro y sirva caliente.

fideos con camarones

Oferta 4

Ingredientes

2 cucharadas de aceite vegetal clarificado plus para freír

1 cebolla, picada

2,5 cm/1 pulgada de jengibre picado

2 dientes de ajo, picados

250 g/9 oz de langostinos, limpios y desvenados

1 cucharada de garam masala

Agregar sal al gusto

1 cucharadita de jugo de limón

2 cucharadas de hojas de cilantro picadas

5 papas grandes hervidas y ralladas

100 g/3½ oz de pan rallado

método

- Calentar 2 cucharadas de aceite en una sartén. Añadir la cebolla y sofreír hasta que esté transparente.
- Añadir el jengibre y el ajo y sofreír a fuego lento durante un minuto.
- Añadir las gambas, el garam masala y la sal. Cocine durante 5-7 minutos.
- Agregue jugo de limón y hojas de cilantro. Mezcle bien y deje reposar.
- Poner sal a las patatas y formar los fideos. Coloque un poco de la mezcla de camarones en cada hamburguesa. Sellar en bolsas y aplanar. Déjalo a un lado.
- Calienta el aceite en el sarten. Pasar los filetes por pan rallado y freír hasta que estén dorados. Servir caliente.

kebab reshmi

(brocheta de pollo en adobo cremoso)

Hace 10-12

Ingredientes

250ml/8ml crema agria

1 cucharada de pasta de jengibre

1 cucharadita de pasta de ajo

1 cucharadita de sal

1 huevo batido

120 ml/4 ml crema doble

500 g/1 lb 2 oz de pollo deshuesado, desmenuzado

método

- Mezcle la salsa agria, la pasta de jengibre y la pasta de ajo. Agregue la sal, el huevo y la crema para hacer una pasta espesa.
- Marinar el pollo en esta mezcla durante 2-3 horas.
- Verter los trozos y freír en una parrilla de carbón hasta que estén dorados.
- Servir caliente.

Delicia de trigo partido

hace 15

Ingredientes

250 g/9 oz de trigo partido, ligeramente tostado

150 g/5½ oz mung dhal*

300 ml / 10 ml de agua

125 g/4½ oz de guisantes congelados

60g/2oz de zanahoria, rallada

1 cucharada de maní tostado

1 cucharada de pasta de tamarindo

1 cucharada de garam masala

1 cucharadita de chile en polvo

¼ de cucharadita de cúrcuma

1 cucharadita de sal

1 cucharada de hojas de cilantro picadas

método

- Remoje el trigo triturado y mung dhal en agua durante 2-3 horas.
- Agregue el resto de los ingredientes excepto las hojas de cilantro y mezcle bien.
- Verter la mezcla en un molde redondo de 20 cm. Cocer al vapor durante 10 minutos.
- Enfriar y cortar en trozos. Adorne con cilantro. Servir con chutney de coco verde

Methi Dhokla

(pastel de fenogreco al vapor)

hace 12

Ingredientes

200 g/7 oz de arroz de grano corto

150 g / 5½ oz de urad dhal*

Agregar sal al gusto

25 g/ 1 oz de hojas de fenogreco picadas

2 cucharadas de chiles verdes

1 cucharada de crema agria

Aceite vegetal purificado para lubricación

método

- Remoje el arroz y el dhal juntos durante 6 horas.
- Muela hasta obtener una pasta espesa y déjela fermentar durante 8 horas.
- Agrega el resto de los ingredientes. Mezclar bien y dejar actuar durante otras 6-7 horas.
- Engrasa un molde redondo para tarta de 20 cm. Vierta la masa en la sartén y cocine al vapor durante 7-10 minutos.
- Sirva caliente con cualquier chutney dulce.

filetes de guisantes

hace 12

Ingredientes

2 cucharadas de aceite vegetal clarificado y extra para freír

1 cucharadita de semillas de comino

600 g/1 lb 5 oz guisantes cocidos, picados

1½ cucharaditas de amchoor*

1½ cucharaditas de cilantro molido

Agregar sal al gusto

½ cucharadita de pimienta negra molida

6 papas hervidas y en puré

2 rebanadas de pan

método

- Calentar 2 cucharadas de aceite en una sartén. Agregue semillas de comino. Después de 15 segundos, agregue los guisantes, el amkur y el cilantro. Hornee por 2 minutos. Déjalo a un lado.
- Agregue sal y pimienta a las papas. Déjalo a un lado.
- Sumerge las rebanadas de pan en el agua. Exprima el exceso de agua presionando entre sus palmas. Retire la piel y agregue las rebanadas a la mezcla de papas. Mezclar bien. Divide la mezcla en bolas del tamaño de un limón.
- Aplane cada bola y coloque una cucharada de la mezcla de guisantes en el centro. Sella como una bolsa y vuelve a aplanar.
- Calienta el aceite en el sarten. Freír los filetes hasta que estén dorados. Servir caliente.

TÍTULO

(triángulo de harina crujiente)

Hace 20

Ingredientes

500g/1lb 2oz besán*

75 g / 2½ onzas de manteca

1 cucharadita de sal

1 cucharadita de semillas de comino

1 cucharada de semillas de aiwán

200 ml / 7 ml de agua

Agregar sal al gusto

Aceite vegetal purificado para freír

método

- Mezclar todos los ingredientes excepto el aceite. Amasar en una masa dura.
- Forma bolitas del tamaño de una nuez. Enrolle en discos delgados. Cortar por la mitad y doblar en triángulos.
- Calienta el aceite en el sarten. Freír los triángulos a fuego medio hasta que estén dorados. Refrigere y guarde en un recipiente hermético hasta por 8 días.

Dahi Pakoda Chaat

(venenos de lentejas fritas en yogur)

Oferta 4

Ingredientes

200g/7oz mungo dhal*

200 g / 7 oz de urad dhal*

1 cm/½ en raíz de jengibre picada

3 cucharadas de hojas de cilantro picadas

Agregar sal al gusto

Aceite vegetal purificado para freír

125g/4½oz chutney de tomate dulce

125 g/4½ oz de chutney de menta

175 g/6 oz de yogur, batido

½ cucharadita de sal negra

1 cucharada de comino molido, asado seco

3 cucharadas de mezcla Bombay*

método

- Remoje las cuajadas juntas durante 4-5 horas. Escurrir y agregar el jengibre, 2 cucharadas de hojas de cilantro y sal. Moler en una pasta espesa. Déjalo a un lado.

- Calienta el aceite en el sarten. Cuando empiece a humear, añade cucharadas de masa. Freír hasta que estén doradas. Escurrir sobre papel absorbente.
- Coloque las pakodas fritas en un plato para servir. Rocíe el chutney de menta, el chutney de tomate dulce y el yogur sobre la pakoda. Espolvorear el resto de los ingredientes por encima. Servir inmediatamente.

Kudithal Dhokla

(Pastel de lentejas rotas)

Hace 20

Ingredientes

250 g/8 oz de cuajada de frijol mungo*

150 ml/5 ml de crema agria

Agregar sal al gusto

1 cucharada de pasta de jengibre

método

- Remoje el dhal en crema agria durante 4-5 horas. Molerlo en una pasta espesa.
- Agregue sal y pasta de jengibre. Mezclar bien.
- Verter en un molde redondo de 20 cm y cocinar al vapor durante 10 minutos.
- Dejar enfriar durante 10 minutos. Cortar en trozos del tamaño de un bocado y servir caliente.

Echar un vistazo

(Gramo de Bengala picante)

Sirve 5-6

Ingredientes

600g/1lb 5oz chana dhal*, remojo durante la noche

450 ml / 15 ml de agua

Una pizca de bicarbonato de sodio

Agregar sal al gusto

2 cucharadas de manteca

400 g/14 oz de coco fresco, rallado

2 cucharadas de aceite de mostaza

1 cebolla grande, picada

½ cucharadita de cúrcuma

1 cucharadita de comino molido

½ cucharadita de pasta de jengibre

2 chiles verdes, picados

2 hojas de laurel

1 cucharadita de azúcar

¼ de cucharadita de canela molida

¼ de cucharadita de cardamomo molido

¼ de cucharadita de clavo molido

2 cucharadas de jugo de limón

método

- Mezcla chana dhal con agua, bicarbonato de sodio y sal en una cacerola. Cocine por 30 minutos a fuego medio. Déjalo a un lado.
- Caliente 1 cucharada de ghee en una sartén. Muerde los trozos de coco. Déjalo a un lado.
- Caliente el aceite de mostaza en una sartén. Freír la cebolla a fuego medio hasta que se dore.
- Agregue la cúrcuma, el comino molido, la pasta de jengibre y los chiles verdes. Hornee por 3 minutos.
- Agregue el dhal cocido, los trozos de coco frito, las hojas de laurel y el azúcar. Mezcle bien.
- Espolvorea canela, cardamomo, clavo, jugo de limón y el ghee restante encima. Mezcle bien para cubrir.
- Servir caliente con puris o tal cual.

Guisante Pulao

(arroz pilau con guisantes)

Oferta 4

Ingredientes

4 cucharadas de aceite vegetal purificado

1 cucharadita de semillas de comino

½ cucharadita de pasta de jengibre

2 chiles verdes, picados

200g/7oz guisantes cocidos

Agregar sal al gusto

300 g/10 oz de arroz al vapor

método

- Calienta el aceite en el sarten. Agregue semillas de comino. Déjalos rociar durante 15 segundos.

- Agrega la pasta de jengibre y el chile verde. Freír la mezcla a fuego lento durante un minuto.

- Agregue los guisantes y la sal. Mezcle bien durante 5 minutos.

- Agrega el arroz. Mezclar bien. Cubra con una tapa y cocine el pollo durante 5 minutos. Servir caliente.

Pulao Pulao

(Pollo cocido con arroz pilau)

Oferta 4

Ingredientes

500g/1lb 2oz arroz de grano largo

Agregar sal al gusto

1 cucharadita de cúrcuma

1 cucharada de jugo de limón

50g/1¾oz hojas de cilantro, molidas

1 kg/2¼ lb de pollo, sin piel y cortado en cubitos

9 cucharadas de aceite vegetal purificado

4 cebollas grandes, picadas

2 tomates, picados

2 cucharadas de pasta de jengibre

1½ cucharadas de pasta de ajo

2 cucharadas de garam masala

1 litro/1¾ litro de agua caliente

método

- Remojar el arroz durante 30 minutos. Déjalo a un lado.

- Mezcle la sal, la cúrcuma, el jugo de limón y las hojas de cilantro. Marinar el pollo con la mezcla durante 1 hora.

- Calentar 8 cucharadas de aceite en una sartén. Agregue las tres cuartas partes de la cebolla y cocine hasta que esté transparente.

- Agregue los tomates, la pasta de jengibre, la pasta de ajo, el garam masala y el pollo marinado. Hornee durante 10 minutos a fuego lento, revolviendo ocasionalmente.

- Agrega el arroz remojado y el agua caliente. Cubra con una tapa y cocine durante 7-10 minutos.

- Freír el resto de las cebollas en 1 cucharada de aceite hasta que estén doradas. Espolvorear sobre el pulao.

- Servir caliente.

Vaangi Bhaat

(arroz con berenjena)

Oferta 4

Ingredientes

3 cucharadas de aceite vegetal purificado

2 cebollas grandes, picadas

300 g/10 oz de berenjenas en cubitos

1½ cucharaditas de cilantro molido

1 cucharadita de chile en polvo

½ cucharadita de pasta de jengibre

½ cucharadita de pasta de ajo

Agregar sal al gusto

500 g/1 lb 2 oz de arroz de grano largo, remojado y escurrido

1 litro/1¾ litro de agua caliente

1 cucharada de hojas de cilantro picadas

método

- Calienta el aceite en el sarten. Rehogar las cebollas hasta que estén transparentes. Agregue todos los ingredientes excepto el arroz, el agua caliente y el cilantro. Hornear durante 4-5 minutos.

- Agregue arroz y agua. Mezclar bien. Cubra con una tapa y cocine durante 10-15 minutos. Decorar con hojas de cilantro. Servir caliente.

Pulao de guisantes y champiñones

Oferta 4

Ingredientes

3 cucharadas de aceite vegetal purificado

1 cebolla grande, picada

3 chiles verdes, partidos a lo largo

Una pizca de cúrcuma

1 tomate picado finamente

200 g / 7 oz de guisantes

200 g/7 oz de champiñones, ligeramente cocidos al vapor y rebanados

Agregar sal al gusto

300 g/10 oz de arroz basmati al vapor

método

- Calienta el aceite en el sarten. Agregue la cebolla, el chile verde y la cúrcuma y fría a fuego medio durante 8-10 minutos, revolviendo ocasionalmente.

- Añadir el tomate y sofreír un rato.

- Añadir los guisantes, la mitad de los champiñones y la sal. Cocine a fuego lento hasta que esté suave.

- Agregue el arroz y mezcle bien. Hervir durante 5 minutos.

- Adorne el pulaon con las rodajas de champiñones restantes. Servir caliente.

pulao verde

Oferta 4

Ingredientes

150 g/5½ oz de hojas de cilantro picadas

50g/1¾oz hojas de menta

4 cucharadas de aceite vegetal purificado

3 cebollas pequeñas, picadas

1 cucharada de garam masala

½ cucharadita de pasta de jengibre

½ cucharadita de pasta de ajo

Agregar sal al gusto

125 g/4½ oz de guisantes

2 papas grandes, rebanadas y fritas

200g/7oz arroz de grano largo, precocido

método

- Moler el cilantro y las hojas de menta hasta obtener una pasta. Déjalo a un lado.

- Calienta el aceite en el sarten. Agregue las cebollas y fríalas a fuego medio hasta que estén transparentes. Agregue garam masala, pasta de jengibre y pasta de ajo. Hornee por 2 minutos. Agrega la pasta de menta y cilantro. Hervir hasta que espese.

- Añadir la sal, los guisantes y las patatas. Mezclar bien. Agregue el arroz y mezcle suavemente. Cubra con una tapa y cocine el pollo durante 5 minutos. Servir caliente.

pulao festivo

Oferta 4

Ingredientes

1 cucharada de ghee más extra para freír

4 cebollas grandes, finamente picadas

2,5 cm/1 en canela

3 clavos

2 hojas de laurel

3 vainas de cardamomo verde

1 litro / 1¾ litros de agua

500 g/1 lb 2 oz de arroz basmati, remojado durante 30 minutos y escurrido

Agregar sal al gusto

60g/2oz de anacardos tostados

60g/2oz pasas, maduras

método

- Caliente el ghee en una sartén profunda. Agregue las cebollas y fríalas a fuego medio hasta que se doren. Ponga las cebollas a un lado.

- Caliente 1 cucharada de ghee en otra sartén. Agregue canela, clavo, hojas de laurel y cardamomo. Freír durante 15 segundos, añadir agua y llevar a ebullición.

- Añadir el arroz escurrido y la sal. Cocine durante 10-15 minutos. Adorne el pulao con cebolla frita, anacardos y pasas. Servir caliente.

Pulihora

(arroz de tamarindo)

Oferta 6

Ingredientes

750 g/1 lb 10 oz arroz de grano largo, precocido

½ cucharadita de cúrcuma

20 hojas de curry

7 cucharadas de aceite vegetal purificado

½ cucharadita de semillas de mostaza

2 cucharadas de mung dhal*

3 chiles rojos secos, picados

8 granos de pimienta negra

½ cucharadita de asafétida

125 g/4½ oz de maní tostado

2 chiles verdes, partidos a lo largo

5 cucharadas de pasta de tamarindo

Agregar sal al gusto

1 cucharada de semillas de sésamo molidas

50 g/1¾ oz de hojas de cilantro picadas

método

- Mezclar el arroz, la cúrcuma, la mitad de las hojas de curry y 2 cucharadas de aceite. Déjalo a un lado.

- Calentar el aceite restante en la sartén. Freír la mostaza, el mung dhal, los chiles rojos, la pimienta, la asafétida y los cacahuetes hasta que los cacahuetes se doren.

- Agregue las hojas de curry restantes, el chile verde y la pasta de tamarindo. Revuelva la mezcla suavemente durante 5-7 minutos. Agregue sal, semillas de sésamo molidas y hojas de cilantro. Servir caliente.

Arroz Tadka

(Arroz con un toque indio clásico)

Oferta 4

Ingredientes

2 cucharadas de aceite vegetal refinado

1 cucharadita de semillas de comino

1 chile verde, picado

5-6 hojas de curry

Una pizca de cúrcuma

2 cucharadas de maní tostado

Agregar sal al gusto

300 g/10 oz de arroz al vapor

método

- Calienta el aceite en el sarten. Añadir todos los ingredientes excepto la sal y el arroz y freír a fuego medio durante 20 segundos.

- Agregue sal y arroz. Mezclar durante 3-4 minutos. Servir caliente.

Cuscús Biryani

Oferta 4

Ingredientes

100 g/3½ oz de cuscús

600 ml/1 litro de agua caliente

2 cucharadas de aceite vegetal refinado

2-3 dientes

2-3 vainas de cardamomo verde

1 cucharadita de comino

Agregar sal al gusto

1 cebolla mediana, picada

1 tomate picado finamente

1 patata mediana, cortada en cubitos

¼ de cucharadita de cúrcuma

125 g/4½ oz de yogur espeso

10 g/¼ oz de hojas de cilantro picadas

método

- Lava bien el cuscús. Transfiera a un tazón. Añadir 500ml/16ml de agua caliente y dejar reposar durante 30 minutos.
- Cueza al vapor el cuscús húmedo durante 10 minutos. Retire del fuego y deje enfriar durante una hora.
- Caliente 1 cucharada de aceite en una sartén. Agregue los clavos, el cardamomo, el comino y la sal. Revuelve la mezcla durante 2-3 minutos a fuego medio. Déjalo a un lado.
- Calentar el aceite restante en una sartén. Agregue la cebolla y saltee a fuego medio durante 2-3 minutos. Añadir los tomates, las patatas y el resto del agua. Cocine la mezcla a fuego medio durante 5-6 minutos, revolviendo con frecuencia.
- Añadir la cúrcuma, el yogur y la sal. Mezclar bien.
- Añade el cuscús. Revuelva la mezcla suavemente. Hervir durante 10-15 minutos.
- Adorne el biryani con hojas de cilantro. Servir caliente.

arroz con champiñones

Oferta 4

Ingredientes

4 cucharadas de aceite vegetal purificado

2 hojas de laurel

4 cebollas finamente picadas

2 cebollas grandes, picadas

2 tomates, finamente picados

1 cucharada de garam masala

½ cucharadita de pasta de jengibre

1 cucharadita de comino molido

1 cucharadita de cilantro molido

½ cucharadita de chile en polvo

150 g/5½ oz, en rodajas

Agregar sal al gusto

300 g/10 oz de arroz al vapor

método

- Calienta el aceite en el sarten. Añadir las hojas de laurel y las cebolletas y sofreír hasta que las cebolletas estén transparentes. Agregue las cebollas y cocine a fuego medio hasta que estén transparentes.
- Agregue tomates, garam masala, pasta de jengibre, comino molido, cilantro molido y chile en polvo. Freír durante un minuto a fuego medio.
- Añadir los champiñones y la sal. Cocine durante 5-7 minutos. Agrega el arroz.
- Mezclar bien y freír a fuego lento durante 5-7 minutos. Servir caliente.

Arroz Natural De Coco

Oferta 4

Ingredientes

1 cucharada de manteca

2 clavos

2,5 cm/1 en canela

2 vainas de cardamomo verde

3 granos de pimienta negra

500g/1lb 2oz arroz basmati

Agregar sal al gusto

250ml/8ml de agua caliente

500ml/16ml leche de coco

60g/2oz de coco fresco rallado

método

- Caliente el ghee en una sartén. Agrega los clavos, la canela, el cardamomo y la pimienta. Déjalos rociar durante 30 segundos.
- Agregue el arroz, la sal, el agua y la leche de coco. Cocine a fuego lento la mezcla durante 12-15 minutos, revolviendo regularmente.
- Adorne el arroz con coco rallado. Servir caliente.

pulao mixto

Oferta 4

Ingredientes

250 g/9 oz de arroz de grano largo

150 g/5½ oz mesor dhal*

60 g/2 oz de cuscús

500 ml / 16 ml de agua

4 cucharadas de aceite vegetal purificado

1 cebolla grande, picada

3 clavos

2,5 cm/1 en canela

50 g/1¾ oz de hojas de fenogreco picadas

2 zanahorias, ralladas

¼ de cucharadita de cúrcuma

1 cucharada de garam masala

Agregar sal al gusto

método

- Mezcle el arroz, el dhal, el cuscús y el agua en una cacerola. Cocine a fuego lento la mezcla a fuego medio durante 45 minutos. Ponga a un lado para enfriar.
- Calienta el aceite en el sarten. Sofreír la cebolla a fuego medio hasta que esté transparente. Agregue todos los demás ingredientes y cocine durante 2-3 minutos.
- Agregue la mezcla de arroz y dhal. Mezcle bien. Servir caliente.

arroz con limon

Oferta 4

Ingredientes

4 cucharadas de aceite vegetal purificado

1 cucharada de semillas de mostaza

2 cucharadas de urad dhal*

2 cucharaditas de dal*

8 hojas de curry

4 chiles verdes, partidos a lo largo

½ cucharadita de cúrcuma

2 cebollas grandes, picadas

60g/2oz de coco fresco rallado

2 cucharadas de jugo de limón

Agregar sal al gusto

300 g/10 oz de arroz al vapor

método

- Calienta el aceite en el sarten. Agregue semillas de mostaza. Déjalos rociar durante 15 segundos.
- Agregue ambos sueros y fríalos a fuego medio durante 15 minutos, revolviendo con frecuencia. Agregue las hojas de curry, los chiles verdes, la cúrcuma, las cebollas y el coco rallado. Freír esta mezcla a fuego lento durante un minuto.
- Agregue jugo de limón, sal y arroz. Mezclar bien el arroz. Servir caliente.

arroz manipuri

Oferta 4

Ingredientes

7 dientes de ajo

7 chiles rojos

Raíz de jengibre de 2,5 cm / 1 pulgada

1 cucharada de semillas de cilantro

4½ cucharadas de manteca

2 cebollas grandes, en rodajas

250 g/9 oz de verduras congeladas

2 papas grandes hervidas y cortadas en cubitos

500 ml / 16 ml de agua

Agregar sal al gusto

2 cucharadas de hojas de cilantro picadas

1 tomate cortado en rodajas

300 g/10 oz de arroz al vapor

método

- Moler juntos el ajo, el chile, el jengibre y las semillas de cilantro. Déjalo a un lado.
- Calienta media cucharada de ghee en una sartén. Freír las cebollas a fuego medio hasta que se doren. Déjalo a un lado.
- Caliente el ghee restante en una sartén. Saltee la mezcla de ajo y chile molido a fuego medio durante 3-5 minutos. Agrega las verduras y las papas. Hornee por 3 minutos.
- Agrega el resto de los ingredientes, excepto el arroz. Hervir durante 5-7 minutos.
- Agrega el arroz. Mezclar bien y hervir durante 3-4 minutos. Servir caliente.

Sésamo Pulao

(Semillas de sésamo cocidas con arroz pilau)

Oferta 4

Ingredientes

2 cucharadas de manteca

1 cucharada de semillas de sésamo

1 cebolla grande, en rodajas finas

2 cubos de caldo de pollo, triturados

Agregar sal al gusto

300 g/10 oz de arroz al vapor

método

- Caliente el ghee en una sartén. Agregue las semillas de sésamo. Déjalos rociar durante 15 segundos.
- Añadimos la cebolla y sofreímos a fuego medio hasta que esté transparente.
- Espolvoree el cubito de caldo y la sal y revuelva por un momento.
- Agrega el arroz. Tira bien. Servir caliente.

Khichuri

(lentejas y caldo de arroz con verduras)

Sirve 4-6

Ingredientes

2 cucharadas de aceite vegetal refinado

½ cucharadita de semillas de comino

2,5 cm/1 en canela

4 vainas de cardamomo verde

6 clavos

2,5 cm/1 pulgada de jengibre picado

250 g/9 oz de arroz de grano largo

300g/10oz mungo dhal*, hervido

2 cebollas grandes, picadas

2 papas grandes, en rodajas

50g/1¾oz coliflor

30 g/1 oz de zanahoria, en rodajas

30 g/1 oz de judías verdes picadas

½ cucharadita de cúrcuma

2 chiles verdes

1½ cucharaditas de azúcar

Agregar sal al gusto

1,25 litros / 2½ litros de agua

método

- Calienta el aceite en el sarten. Agregue semillas de comino, canela, cardamomo, clavo y jengibre. Fríe la mezcla a fuego medio hasta que el jengibre adquiera un color marrón claro.
- Agregue todos los demás ingredientes excepto el agua. Hornea la mezcla durante 5 minutos. Añadir agua. Hervir durante 15-20 minutos. Servir caliente.

Arroz amarillo

Oferta 4

Ingredientes

3 cucharadas de aceite vegetal purificado

½ cucharadita de comino

2 hojas de laurel

2 clavos

4 granos de pimienta negra

1 cucharadita de cúrcuma

2 cebollas grandes, picadas

250g/9oz arroz basmati

Agregar sal al gusto

600 ml/1 litro de agua caliente

método

- Calienta el aceite en el sarten. Agregue comino, hojas de laurel, clavo, granos de pimienta y cúrcuma. Déjalos rociar durante 15 segundos. Agregue las cebollas. Freírlos a fuego medio hasta que se doren.
- Añadir el arroz, la sal y el agua. Hervir durante 15 minutos. Servir caliente.

Chingri maché bhaat

(camarones al vapor y arroz)

Oferta 4

Ingredientes

250 g/9 oz de langostinos, limpios y desvenados

Agregar sal al gusto

1 cucharadita de cúrcuma

1 cucharadita de mostaza preparada

1½ cucharada de aceite de mostaza

300 g/10 oz de arroz al vapor

1 cucharada de hojas de cilantro picadas

método

- Marinar los camarones con sal y cúrcuma durante 30 minutos.
- Combine los camarones marinados, la mostaza preparada y el aceite de mostaza al baño maría. Cocer al vapor durante 17 minutos.
- Mezclar el arroz con los camarones. Adorne con cilantro. Servir caliente.

Arroz de zanahoria y pimiento verde

Oferta 4

Ingredientes

4 cucharadas de aceite vegetal purificado

¼ de cucharadita de semillas de mostaza

¼ de cucharadita de semillas de comino

Una pizca de cúrcuma

8 hojas de curry

1 pimiento verde picado

1 zanahoria grande, rallada

1 cucharada de garam masala

Agregar sal al gusto

300 g/10 oz de arroz al vapor

1 cucharada de jugo de limón

1 cucharada de hojas de cilantro, picadas

método

- Calentar el aceite en una olla profunda. Agregue semillas de mostaza, semillas de comino, cúrcuma y hojas de curry. Déjalos rociar durante 15 segundos.
- Agregue pimiento verde y zanahorias. Freír las verduras durante un minuto. Cubra con una tapa y cocine por 5 minutos, revolviendo ocasionalmente.
- Abrir y agregar garam masala y sal. Mezclar bien. Agrega el arroz. Revuelva la mezcla durante 4-5 minutos.
- Agregue jugo de limón y hojas de cilantro. Mezclar bien y hervir durante 2-3 minutos. Servir caliente.

Thakkali Saadham

(arroz con tomate)

Oferta 4

Ingredientes

3 cucharadas de aceite vegetal purificado

½ cucharadita de semillas de mostaza

½ cucharadita de semillas de comino

8 hojas de curry

½ cucharadita de cúrcuma

Un montón de asafétida

¾ cucharadita de chile en polvo

2 cebollas grandes, picadas

2 tomates, finamente picados

300 g/10 oz de arroz al vapor

Agregar sal al gusto

1 cucharada de hojas de cilantro para decorar

método

- Calienta el aceite en el sarten. Agregue mostaza, comino, hojas de curry, cúrcuma, asafétida, chile en polvo, cebollas y tomates.
- Freír durante 5 minutos. Añadir el arroz y la sal. Adorne y sirva caliente.

Palacio Pulao

(salsa de espinaca)

Oferta 4

Ingredientes

4½ cucharadas de aceite vegetal refinado

1 cebolla grande, picada

2 tomates, finamente picados

¾ cucharadita de pasta de jengibre

¾ cucharadita de pasta de ajo

350 g/12 oz de arroz de grano largo

750ml/1¼ pintas de agua caliente

200 g/7 oz de espinacas al vapor y en puré

10 anacardos

1 cucharadita de jugo de limón

½ cucharada de garam masala

Agregar sal al gusto

método

- Calienta el aceite en el sarten. Agrega la cebolla y saltéala a fuego medio hasta que se dore.
- Agregue los tomates, la pasta de jengibre y la pasta de ajo. Hervir durante 2 minutos.
- Mezclar con arroz y agua y cocinar durante 12-15 minutos.
- Agregue las espinacas, los anacardos, el jugo de limón, el garam masala y la sal. Revuelva esta mezcla suavemente. Hervir durante 2-3 minutos. Servir caliente.

Lemongrass y chile verde Pulao

Oferta 4

Ingredientes

150 g / 5½ oz de hierba de limón en cubitos

4 chiles verdes, partidos a lo largo

Raíz de jengibre 2,5 cm/1 pulgada, desteñida

750 ml / 1¼ pinta de caldo de verduras

3 cucharadas de aceite vegetal purificado

1 cucharadita de semillas de comino

500g/1lb 2oz arroz de grano largo

Agregar sal al gusto

150 g/5½ oz mung dhal*, hervido

25 g/ 1 oz de hojas finas de cilantro, picadas

método

- Mezcle la hierba de limón, los chiles verdes, el jengibre y el caldo de verduras.
- Calienta el aceite en el sarten. Agregue semillas de comino. Déjalos rociar durante 15 segundos. Añadir el arroz, la sal y el caldo. Mezcle bien la mezcla. Cubra con una tapa y cocine durante 12-15 minutos.
- Adorne el pulao con mung dhal y hojas de cilantro. Servir caliente.

Arroz con tomate y cebolleta

Oferta 4

Ingredientes

3 cucharadas de manteca

4 clavos

2,5 cm/1 en canela

½ cucharadita de semillas de comino

200 g / 7 oz cebolla picada, picada

1 cucharadita de pimienta negra molida

Agregar sal al gusto

200 g / 7 oz de puré de tomate

300 g/10 oz de arroz al vapor

1 cucharadita de jugo de limón

método

- Caliente el ghee en una sartén. Agrega los clavos, la canela y las semillas de comino. Déjalos rociar durante 15 segundos.
- Añadir las cebolletas. Freírlos durante 4-5 minutos a fuego medio.
- Mezclar con pimienta, sal y puré de tomate. Hervir durante 2-3 minutos.

- Agrega el arroz. Mezcle bien la mezcla.

sofiyani pulao

(Piernas de Pollo Pulao)

Oferta 4

Ingredientes

16 patas de pollo

3 cucharadas de almendras molidas

3 cucharadas de khoya*

600g/1lb 5oz arroz de grano largo

5 vainas de cardamomo verde

5 clavos

canela de 5 cm/2 pulgadas

4 granos de pimienta negra

Agregar sal al gusto

30 g / 1 onza de manteca

250ml/8ml de leche

Para la marinada:

1 cucharada de pasta de jengibre

1 cucharadita de pasta de ajo

2 chiles verdes, partidos a lo largo

3 cucharaditas de jugo de limón

600 g / 1 lb 5 oz de yogur, batido

método

- Mezclar todos los ingredientes de la marinada y marinar los muslos de pollo en esta mezcla durante 30 minutos. Freírlos en una olla a fuego medio durante 20 minutos. Agregue almendras y khoya. Déjalo a un lado.
- Hervir el arroz con cardamomo, clavo, canela, pimienta y sal. Deja la mezcla a un lado.
- Vierta el ghee en una cacerola de fondo grueso. Disponer el arroz y el pollo alternativamente. La leche se vierte sobre la masa, la sartén se cierra con papel de aluminio y se cubre con una tapa. Hervir durante 20 minutos. Servir caliente.

arroz frito indio

Oferta 4

Ingredientes

2 cucharadas de aceite vegetal refinado

1 cucharadita de semillas de comino

1 cebolla grande, en rodajas finas

1 tomate picado finamente

Agregar sal al gusto

300 g/10 oz de arroz al vapor

método

- Calienta el aceite en el sarten. Agregue semillas de comino. Déjalos rociar durante 15 segundos. Agrega la cebolla y el tomate. Freír a fuego lento durante 2-3 minutos.
- Agregue sal y arroz. Freír bien el arroz durante 2-3 minutos. Servir caliente.

Peshawar Biryani

(Bryan del norte de la India)

Oferta 4

Ingredientes

  6 cucharadas de manteca

  3 cebollas grandes, picadas

  1 cucharada de pasta de jengibre

  1 cucharadita de pasta de ajo

  750g/1lb 10oz cordero deshuesado

  400 g/14 oz de yogur

  750g/1lb 10oz arroz basmati

  Agregar sal al gusto

  1,4 litros / 2¼ litros de agua

  12-15 anacardos

  12-15 pasas

  12-15 ciruelas

  2 rebanadas de piña enlatada, en rodajas

  2 cucharadas de garam masala

método

- Caliente el ghee en una sartén. Agregue las cebollas, la pasta de jengibre y la pasta de ajo. Freír esta mezcla a fuego medio durante 3-4 minutos.
- Agrega el cordero. Hornee por 25 minutos. Agrega el resto de los ingredientes.
- Cubra con una tapa y cocine el biryani durante 20-25 minutos. Servir caliente.

Eneldo Pulao

Oferta 4

Ingredientes

2 cucharadas de aceite vegetal refinado

2 cebollas grandes, picadas

1 cm/½ en raíz de jengibre picada

1 diente de ajo, picado

125 g/4½ oz de yogur

½ cucharadita de cúrcuma

Agregar sal al gusto

350 g/12 oz de arroz de grano largo

750ml/1¼ pintas de agua caliente

Jugo de 1 limón

60 g/2 oz de hojas de hinojo, finamente picadas

método

- Calienta el aceite en el sarten. Agregue las cebollas y fríalas a fuego medio hasta que estén transparentes.
- Agregue jengibre, ajo, yogur, cúrcuma, sal y arroz. Hornea la mezcla durante 5 minutos.
- Agrega agua caliente. Cocine a fuego lento durante 12-15 minutos, revolviendo con frecuencia.
- Adorne la pula con jugo de limón y eneldo. Servir caliente.

pulao de cordero

Oferta 6

Ingredientes

4 cucharadas de aceite vegetal purificado

3 cebollas grandes, picadas

675g/1½lb de cordero molido

2 tomates, blanqueados y picados

1,25 litros/2½ litros de agua caliente

500g/1lb 2oz arroz basmati

1 cucharada de anacardos

1 cucharada de pasas

Para la mezcla de especias:

4 clavos

4 vainas de cardamomo verde

2,5 cm/1 en canela

1 cucharada de pasta de jengibre

1 cucharadita de pasta de ajo

2 chiles verdes, picados

2 cucharadas de cilantro molido

½ cucharadita de chile en polvo

1 cucharadita de cúrcuma

Agregar sal al gusto

método

- Calentar 3 cucharadas de aceite en una sartén. Agrega las cebollas y fríelas a fuego medio hasta que se doren. Agregue la mezcla de especias y hornee durante 10-12 minutos.
- Agregue el cordero y los tomates. Cocine hasta que la mezcla esté seca. Agregue 250 ml/8 ml de agua caliente y cocine hasta que el cordero esté tierno. Añadir el arroz y el resto del agua. Hervir durante 20 minutos. Déjalo a un lado.
- Caliente 1 cucharada de aceite en una sartén y fría los anacardos y las pasas hasta que se doren.
- Espolvorea los anacardos y las pasas sobre el arroz. Servir caliente.

ghee chawal

(Arroz con manteca)

Oferta 4

Ingredientes

75 g / 2½ onzas de manteca

½ cucharadita de pimienta negra molida

Agregar sal al gusto

300 g/10 oz de arroz al vapor

10 g/¼ oz de hojas de menta, finamente picadas

método

- Caliente el ghee en una sartén. Freír la pimienta y la sal durante 10 segundos.
- Vierta esto sobre el arroz al vapor. Decorar con hojas de menta. Servir caliente.

Antes de Pongal

(Arroz con gramo verde asado)

Oferta 4

Ingredientes

225g/8oz mungo dhal*, asado seco

500g/1lb 2oz arroz de grano largo

½ cucharadita de cúrcuma

Agregar sal al gusto

5-6 cucharadas de manteca

25 anacardos

1½ cucharadas de semillas de comino, molidas

½ cucharadita de pimienta negra

15 hojas de curry

2,5 cm/1 pulgada de jengibre picado

método

- Hervir el dhal, el arroz, la cúrcuma y la sal juntos durante 30 minutos. Déjalo a un lado.
- Caliente el ghee en una sartén. Agregue los anacardos y fríalos hasta que estén dorados.
- Agregue el comino, los chiles, las hojas de curry y el jengibre. Freír durante 20 segundos.
- Agregue esta mezcla a la mezcla de dhal-arroz. Mezcla suavemente. Servir caliente.

Paneer Pulao

Oferta 4

Ingredientes

4 cucharadas de aceite vegetal purificado

2 cebollas grandes, en rodajas

1 cucharada de pasta de jengibre

1 cucharadita de pasta de ajo

2 chiles verdes, picados

Panel 400g/14oz*, en cubos

400 g/14 oz de puré de tomate

375 g/13 oz de arroz basmati

Agregar sal al gusto

600 ml/1 litro de agua caliente

1 cucharada de hojas de cilantro picadas

método

- Calienta el aceite en el sarten. Freír la cebolla, la pasta de jengibre, la pasta de ajo y el chile verde a fuego medio durante 2 minutos, revolviendo constantemente.
- Agregue el paneer y el puré de tomate. Hervir la mezcla durante 2-3 minutos.
- Añadir el arroz, la sal y el agua. Cocine a fuego lento hasta que el arroz esté cocido.
- Adorne el pulao con hojas de cilantro. Servir caliente.

Arroz de coco

Oferta 4

Ingredientes

3 cucharadas de manteca

1 cebolla grande, picada

6 dientes de ajo, picados

2 vainas de cardamomo verde

2,5 cm/1 en canela

2 clavos

4 granos de pimienta negra

300 g/10 oz de arroz basmati, remojado durante 30 minutos y escurrido

1,2 litros / 2 litros de leche de coco

Agregar sal al gusto

método

- Caliente el ghee en una sartén. Agregue la cebolla, el ajo, el cardamomo, la canela, los clavos y los pimientos. Freírlos a fuego medio durante 3-4 minutos.
- Añadir el arroz escurrido. Freír a fuego medio, revolviendo, durante 2-3 minutos.

- Agrega la leche de coco y la sal. Mezcle bien y cocine durante 7-8 minutos.
- Cubra con una tapa y cocine por otros 15 minutos.
- Servir caliente.

Azafrán Pulao

Oferta 4

Ingredientes

4 cucharadas de manteca

1 cucharadita de semillas de comino

2 hojas de laurel

375 g/13 oz de arroz basmati, remojado durante 30 minutos y escurrido

Agregar sal al gusto

750ml/1¼ pintas de agua caliente

1 cucharadita de azafrán

1 cucharada de hojas de cilantro, picadas

método

- Caliente el ghee en una sartén. Agrega las semillas de comino y las hojas de laurel. Déjalos rociar durante 15 segundos.
- Añadir el arroz y la sal. Freír la mezcla a fuego medio durante 3-4 minutos.
- Añadir agua caliente y azafrán. Cocine a fuego lento durante 8-10 minutos o hasta que el arroz esté cocido, revolviendo ocasionalmente.
- Decorar con hojas de cilantro. Servir caliente.

Mezcla de Arroz Dhal

Oferta 4

Ingredientes

2 cucharadas de masor dhal*

2 cucharadas de urad dhal*

2 cucharadas de mung dhal*

2 cucharadas de chana dhal*

500 ml / 16 ml de agua

4 cucharadas de manteca

1 cebolla grande, en rodajas finas

1 cucharada de garam masala

250g/9oz arroz basmati, precocido

1 cucharadita de cúrcuma

1 hoja de laurel

Agregar sal al gusto

250ml/8ml de leche

método

- Mezcla todo el dhal. Hervirlas con agua en una olla a fuego medio durante 30 minutos. Déjalo a un lado.
- Caliente el ghee en una sartén. Agrega la cebolla y el garam masala. Freír a fuego medio hasta que la cebolla esté transparente.
- Agregue el arroz, la cúrcuma, la hoja de laurel y la sal. Mezclar bien. Agregue la leche y la mezcla de dhal. Cubra con una tapa y cocine durante 7-8 minutos. Servir caliente.

Kairi Bhatt

(Arroz con mango verde)

Oferta 4

Ingredientes

4 cucharadas de aceite vegetal purificado

½ cucharadita de semillas de mostaza

Un montón de asafétida

½ cucharadita de cúrcuma

8 hojas de curry

180g/6¼oz maní tostado

1 cucharadita de cilantro molido

2 mangos maduros, pelados y picados

Agregar sal al gusto

300 g/10 oz de arroz al vapor

método

- Calienta el aceite en el sarten. Agregue semillas de mostaza, asafétida, cúrcuma y hojas de curry. Déjalos rociar durante 15 segundos.

- Agregue maní, cilantro molido, mango y sal. Freírlos a fuego medio durante 5 minutos.

- Agregue el arroz cocido y mezcle el bhaa suavemente. Servir caliente.

Langostino Khichdi

Oferta 4

Ingredientes

5 cucharadas de aceite vegetal purificado

3 cebollas pequeñas, picadas

250 g/9 oz de langostinos, limpios y desvenados

1 cucharada de pasta de jengibre

1 cucharadita de pasta de ajo

2 cucharadas de cilantro molido

1 cucharadita de comino molido

½ cucharadita de cúrcuma

375 g/13 oz de arroz de grano largo

Agregar sal al gusto

360 ml/12 ml de agua caliente

360ml/12ml leche de coco

método

- Calienta el aceite en el sarten. Freír las cebollas hasta que estén transparentes.

- Agregue las gambas, la pasta de jengibre, la pasta de ajo, el cilantro molido, el comino molido y la cúrcuma. Freír a fuego medio durante 3-4 minutos.
- Agrega el resto de los ingredientes. Hervir durante 10 minutos. Servir caliente.

Arroz Cuajado

Oferta 4

Ingredientes

300 g/10 oz de arroz al vapor

400 g/14 oz de yogur

8-10 hojas de curry

3 chiles verdes, partidos a lo largo

Un montón de asafétida

1 cucharada de hojas de cilantro, picadas

Agregar sal al gusto

2 cucharadas de aceite vegetal refinado

½ cucharadita de semillas de mostaza

¼ de cucharadita de semillas de comino

½ cucharadita de urad dhal*

método

- Triture el arroz con una cuchara de madera. Mezcle yogur, hojas de curry, chiles verdes, asafétida, hojas de cilantro y sal. Déjalo a un lado.
- Calienta el aceite en el sarten. Agregue semillas de mostaza, semillas de comino y urad dhal. Déjalos rociar durante 15 segundos.
- Vierta esta mezcla directamente sobre la mezcla de arroz. Mezcle bien.
- Servir frío con pepinillo de mango caliente

Hotpot con pollo y arroz

Oferta 4

Ingredientes

3 cucharadas de aceite vegetal purificado

4 clavos

canela de 5 cm/2 pulgadas

2 vainas de cardamomo verde

2 hojas de laurel

3 cebollas grandes, picadas

12 muslos de pollo

½ cucharadita de pasta de jengibre

½ cucharadita de pasta de ajo

3 cubos de caldo de pollo, disueltos en 1,7 litros de agua caliente

½ cucharadita de pimienta negra recién molida

Agregar sal al gusto

500g/1lb 2oz arroz basmati

250 g / 9 oz de zanahorias, en rodajas finas

método

- Calienta el aceite en el sarten. Agregue los clavos, la canela, el cardamomo y las hojas de laurel. Déjalos rociar durante 15 segundos.

- Agregue las cebollas. Cocine por 2 minutos. Agregue todos los demás ingredientes excepto el arroz y las zanahorias. Mezclar bien. Cocine durante 4-5 minutos.

- Agregue el arroz y las zanahorias y mezcle bien. Cubra con una tapa y cocine durante 35-40 minutos. Servir caliente.

Maíz Pulao

Oferta 4

Ingredientes

5 cucharadas de aceite vegetal purificado

2 cebollas pequeñas, picadas

300 g/10 oz de granos de elote cocidos

2 cucharadas de cilantro molido

1 cucharadita de comino molido

¼ de cucharadita de cúrcuma

125 g/4½ oz de puré de tomate

Agregar sal al gusto

375 g/13 oz de arroz basmati

500 ml/16 ml de agua caliente

1 cucharadita de jugo de limón

1 cucharada de hojas de cilantro picadas

método

- Calienta el aceite en el sarten. Freír las cebollas a fuego medio hasta que estén transparentes. Agregue el resto de los ingredientes excepto el arroz, el agua, el jugo de limón y el cilantro. Hornear durante 3-4 minutos. Agregue el arroz, el agua y el jugo de limón.
- Hervir durante 10 minutos. Espolvorea hojas de cilantro por encima y sirve caliente.

Arroz Dhansak

(arroz parsi picante)

Oferta 4

Ingredientes

60 ml/2 ml oz de aceite vegetal clarificado

2 hojas de laurel

2 vainas de cardamomo verde

4 granos de pimienta negra

2,5 cm/1 en canela

1 cucharadita de azúcar

1 cebolla grande, picada

375 g/13 oz de arroz de grano largo, remojado durante 10 minutos y escurrido

Agregar sal al gusto

750ml/1¼ pintas de agua caliente

método

- Calienta el aceite en el sarten. Agrega las hojas de laurel, el cardamomo, la pimienta, la canela y el azúcar. Calienta a fuego medio hasta que el azúcar se caramelice.

- Agrega la cebolla y saltéala a fuego medio hasta que se dore. Agregue el arroz y revuelva hasta que el arroz se dore.
- Agregue sal y agua caliente. Cubra con una tapa y cocine durante 10 minutos a fuego lento.
- Servir caliente con Dhansak

arroz integral

Oferta 4

Ingredientes

3 cucharadas de aceite vegetal purificado

½ cucharadita de pasta de jengibre

½ cucharadita de pasta de ajo

2 cebollas grandes, en cuartos

375 g/13 oz de arroz de grano largo, remojado durante 30 minutos y escurrido

1 cucharada de garam masala

600 ml/1 litro de agua caliente

Agregar sal al gusto

método

- Calienta el aceite en el sarten. Agregue la pasta de jengibre y la pasta de ajo. Freír durante unos segundos.
- Añadir los trozos de cebolla y sofreír a fuego lento durante un minuto.
- Agregue el arroz escurrido y el garam masala. Cocine durante 2-3 minutos, revolviendo bien.
- Añadir agua caliente y sal. Cocine a fuego lento la mezcla hasta que el arroz esté cocido.

- Servir caliente.

Biryani de cordero

Sirve 4-6

Ingredientes

1 kg/2¼ lb cordero, cortado en trozos de 5 cm/2 pulgadas

360 ml/12 ml oz de aceite vegetal clarificado

2 papas grandes cortadas en cuartos

4 clavos

canela de 5 cm/2 pulgadas

3 hojas de laurel

6 pimientos

2 cardamomos negros

Agregar sal al gusto

3 cucharadas de manteca

750g/1lb 10oz arroz basmati, precocido

Una pizca grande de azafrán disuelto en 1 cucharada de leche

Para la marinada:

100 g/3½ oz de hojas de cilantro molidas en una pasta

50g/1¾oz hojas de menta molidas en una pasta

200 g/7 oz de yogur en polvo

1½ cucharadita de pasta de jengibre

1½ cucharadas de pasta de ajo

3 chiles verdes, finamente picados

1½ cucharadita de garam masala

1 cucharadita de comino molido

1 cucharadita de cilantro molido

4 cebollas grandes, picadas y fritas

método

- Mezcle todos los ingredientes de la marinada y deje marinar el cordero con esta mezcla durante la noche en el refrigerador.
- Calentar 250ml/8ml de aceite en una cacerola. Añadimos las patatas y sofreímos a fuego medio durante 10 minutos. Escurrir y reservar.
- Calentar el resto del aceite en una olla grande. Agregue los clavos, la canela, las hojas de laurel, los granos de pimienta y el cardamomo. Déjalos rociar durante 30 segundos.
- Añadir la carne marinada y la sal. Cocine a fuego lento durante 45 minutos, revolviendo ocasionalmente. Añade las patatas fritas. Mezclar ligeramente. Alejar del calor.
- Vierta el ghee en la olla. Coloque la mezcla de carne y papas en la olla. Disponer el arroz previamente cocido encima de la mezcla de carne y patata.
- Vierta la leche de azafrán encima. Cubra con papel aluminio y cubra con una tapa hermética. Cocine a fuego lento durante 20 minutos.
- Servir caliente.

Faada-ni-Khichdi

(Harina de trigo enlatada)

Oferta 4

Ingredientes

125 g/4½ oz de trigo partido

150 g/5½ oz mung dhal*

150 g/5½ oz mesor dhal*

2 litros/3½ litros de agua

2 tomates en puré

100g/3½oz verduras congeladas

½ cucharadita de cúrcuma

½ cucharadita de chile en polvo

½ cucharadita de cilantro molido

½ cucharadita de comino molido

2 chiles verdes, picados

Agregar sal al gusto

4 cucharadas de manteca

2 clavos

2,5 cm/1 en canela

6 granos de pimienta negra

2 hojas de laurel

8 hojas de curry

3 cucharadas de hojas de cilantro picadas

1 cucharadita de semillas de comino tostadas y molidas secas

método

- Combine el trigo molido, el dhal y el agua en una olla y hierva a fuego alto. Cocine a fuego lento la mezcla a fuego lento durante 30 minutos.
- Agrega el puré de tomate, las verduras mixtas, la cúrcuma, el chile en polvo, el cilantro molido, el comino, el chile y la sal. Mezclar bien y hervir durante 5 minutos.
- Caliente el ghee en una cacerola pequeña. Agregue los clavos, la canela, los granos de pimienta, las hojas de laurel y las hojas de curry. Déjalos rociar durante 15 segundos.
- Vierta este condimento en la mezcla de trigo hervido y déjelo hervir a fuego lento durante 3-5 minutos.
- Adorne el khichdi con hojas de cilantro y comino molido. Servir caliente.

Urad Dal Roti

(Pan partido de gramo negro)

hace 15

Ingredientes

600 g/1 libra 5 oz urad dhal*, remojo durante la noche

2 cucharadas de manteca

1 cucharadita de cúrcuma

1 cucharadita de jengibre en polvo

1 cucharadita de cilantro molido

¼ de cucharadita de chile en polvo

350 g/12 oz de harina blanca normal

1 cucharada de anardana triturada*

2 cucharadas de hojas de cilantro, picadas

3 chiles verdes, finamente picados

1 cebolla pequeña, rallada

Agregar sal al gusto

120 ml/4 ml onza de agua

método

- Colar el dhal y triturarlo hasta obtener una pasta gruesa.
- Caliente el ghee en una sartén. Agregue la pasta de dhal y cúrcuma, el jengibre en polvo, el cilantro y el chile en polvo. Freír a fuego medio durante 4-5 minutos. Enfriar durante 5 minutos y dividir en 15 partes. Déjalo a un lado.
- Mezcle todos los ingredientes restantes en una masa dura. Dividir en 15 bolas y rodar en discos de 10 cm de diámetro.
- Coloque un poco de la mezcla de dhal en cada disco, selle y enrolle nuevamente en discos de 15 cm de diámetro.
- Engrasa y calienta una sartén plana. Asar en el horno hasta que el fondo esté dorado. Gira y repite. Freír cada lado dos veces.
- Repita para el resto de los ratones.
- Servir caliente.

Murgh-Methi-Malai Paratha

(Pollo frito y fenogreco)

Hace 14

Ingredientes

4 cucharadas de aceite vegetal purificado

½ cucharadita de semillas de comino

6 dientes de ajo, picados

1 cebolla grande, picada

4 chiles verdes, finamente picados

1 cm/½ en raíz de jengibre picada

½ cucharadita de chile en polvo

½ cucharada de garam masala

200 g/7 oz de pollo, molido

60 g/2 oz de hojas frescas de fenogreco, picadas

1 cucharadita de jugo de limón

1 cucharada de hojas de cilantro, picadas

750 g/1 libra 10 oz de harina integral

Agregar sal al gusto

360 ml / 12 ml de agua

Ghee para lubricación

método

- Calentar la mitad del aceite en una sartén. Agregue semillas de comino, ajo, cebolla, chile verde, jengibre, chile en polvo y garam masala. Déjalos rociar durante 30 segundos.

- Agregue el pollo, el fenogreco, el jugo de limón y las hojas de cilantro. Mezclar bien. Cocine a fuego medio durante 30 minutos, revolviendo ocasionalmente. Déjalo a un lado.

- Mezclar la harina, la sal y el resto del aceite con el agua hasta formar una masa dura. Las dividimos en 14 bolas y las enrollamos en discos de 10 cm de diámetro.

- Coloque una cucharada de la mezcla de pollo en cada plato, cierre y extienda suavemente en discos de 12,5 cm/5 pulgadas de diámetro.

- Caliente una sartén plana y cocine la paratha a fuego lento hasta que el fondo se vuelva marrón claro. Extienda ghee encima, voltee y repita. Freír cada lado dos veces.

- Repita con los parathas restantes. Servir caliente.

Meethi Puri

(Pan dulce inflado)

Hace 20

Ingredientes

250 g / 9 oz de azúcar

60 ml/2 ml de agua tibia

350 g/12 oz de harina blanca normal

2 cucharadas de manteca

1 cucharada de yogur griego

Agregar sal al gusto

Aceite vegetal purificado para freír

método

- Hervir el azúcar y el agua en una cacerola a fuego medio hasta que se convierta en 1 hilo. Déjalo a un lado.
- Mezcle todos los demás ingredientes excepto el aceite. Freír en una olla a fuego medio durante 3-4 minutos. Amasar en una masa dura.
- Divida en 20 bolas. Estirar en discos de 7,5 cm de diámetro.

- Calentar el aceite. Freír la prensa a fuego medio hasta que estén doradas.
- Escurrir y mezclar la purina frita con el sirope de azúcar. Servir caliente.

Kulca

(Pan plano frito)

hace 8

Ingredientes

1 cucharadita de levadura seca disuelta en 120 ml de agua tibia

½ cucharada de sal

90 ml / 3 ml de agua

350 g/12 oz de harina blanca normal

1 cucharadita de bicarbonato de sodio

60 ml/2 ml de leche tibia

4 cucharadas de crema agria

1 cucharada de aceite vegetal purificado

Ghee para lubricación

método

- Mezclar la levadura con la sal. Ponga a un lado durante 10 minutos.
- Mezcle todos los demás ingredientes excepto el ghee hasta obtener una masa rígida. Cubrir con un paño húmedo. Dejar reposar durante 5 horas.
- Dividir en 8 bolas y enrollar en forma de lágrima.

- Engrasa y calienta una sartén plana. Cocine cada kulcha a fuego lento durante un minuto. Gira y repite. Servir caliente.

Naan de ajo y queso

(Pan naan con ajo y queso)

hace 8

Ingredientes

15 dientes de ajo, picados

85 g/3 oz de queso cheddar, rallado

350 g/12 oz de harina blanca normal

¼ de cucharadita de levadura en polvo

1 cucharada de levadura seca disuelta en 120 ml de agua tibia

2 cucharadas de yogur natural

2 cucharadas de azúcar

Agregar sal al gusto

120 ml/4 ml onza de agua

Aceite vegetal purificado para lubricación

método

- Mezcla todos los ingredientes en una masa.
- Engrasa y calienta una sartén plana. Estirar una cucharada grande de masa como un panqueque espeso.
- Hornee hasta que el fondo esté dorado. Gira y repite.
- Repita para el resto de la masa. Servir caliente.

Roti de tres harinas

Hace 14

Ingredientes

175 g/6 onzas de harina de trigo integral

175 g/6 onzas de harina de soya

175 g/6 oz de harina de mijo

1 cucharadita de cilantro molido

½ cucharadita de comino molido

½ cucharadita de chile en polvo

½ cucharadita de cúrcuma

2 cucharadas de aceite vegetal refinado

Agregar sal al gusto

250 ml / 8 ml onza de agua

método

- Mezclar todos los ingredientes en una masa flexible.
- Dividir en 14 bolas y rodar en discos de 15 cm.
- Caliente una sartén plana y cocine cada rollo por ambos lados, volteándolos cada 30 segundos, hasta que cada lado esté dorado.
- Servir caliente.

Sheera Chapatti

(Pan dulce de sémola)

hace 10

Ingredientes

350 g/12 oz de harina blanca normal

250 ml / 8 ml onza de agua

3 cucharadas de manteca

150 g/5½ oz de avena

250 g/9 onzas*, Cortado

1 cucharada de cardamomo verde molido

método

- Mezclar la harina con la mitad del agua hasta formar una masa dura. Divida en 10 bolas. Déjalo a un lado.
- Calienta media cucharada de ghee en una sartén. Freír la avena a fuego medio hasta que esté dorada. Añade el resto del agua y remueve hasta que se evapore.
- Agregue jaggery y cardamomo. Mezclar bien y hervir durante 3-4 minutos.
- Enfríe la mezcla durante 10 minutos y luego divídala en 10 partes.

- Aplane cada bola de masa y coloque una porción de avena en el centro de cada una. Sella y enrolla en discos de 12,5 cm de diámetro.
- Engrasa y calienta una sartén plana. Cocine el chapatti a fuego lento hasta que el fondo se dore.
- Extienda ghee encima, voltee y repita. Freír cada lado dos veces.
- Repita con los chapatis restantes. Servir caliente.

Bhakri

(Pan plano normal)

hace 8

Ingredientes

350 g/12 oz de harina de mijo

Agregar sal al gusto

120 ml/4 ml de agua tibia

1 cucharada de semillas de aiwán

método

- Mezclar todos los ingredientes en una masa suave. Dividir en 8 bolas y enrollar en discos de 15 cm de diámetro.
- Caliente una sartén plana, coloque el bhakri en la sartén y extienda una cucharadita de agua sobre él. Voltear y freír hasta que el fondo esté dorado. Freír cada lado dos veces.
- Repita para el bhakri restante. Servir caliente.

Chapatti

(Pan frito frito en una sartén)

hace 10

Ingredientes

350 g/12 oz de harina integral

½ cucharada de sal

2 cucharadas de aceite vegetal refinado

120 ml/4 ml onza de agua

método

- Mezcle todos los ingredientes en una masa suave y flexible.
- Divida en 10 bolas. Enrolle con un panqueque enharinado en láminas delgadas como tortillas.
- Engrasa y calienta una sartén plana. Extienda el chapatti en una sartén y cocine a fuego lento hasta que el fondo se torne de color marrón claro. Gira y repite.
- Repita con los chapatis restantes.
- Servir caliente.

Roti de arroz y coco

(Pan con arroz y coco)

hace 8

Ingredientes

175 g/6 onzas de harina de arroz

25 g/ 1 oz de hojas finas de cilantro, picadas

60g/2oz de coco fresco rallado

1 cucharadita de aceite vegetal refinado

1 cucharadita de semillas de comino

Agregar sal al gusto

90 ml/3 ml oz de agua tibia

método

- Mezcle todos los ingredientes en una masa flexible. Dividir en 8 bolas. Enrolle en discos con un diámetro de 15 cm.
- Caliente una sartén plana y cocine la sartén a fuego lento hasta que el fondo se dore.
- Pincelar con aceite, voltear y repetir. Freír cada lado dos veces.
- Repita para los ratones restantes. Servir caliente.

Paratha de huevo

(Pan frito con un huevo)

hace 10

Ingredientes

350 g/12 oz de harina integral

120 ml/4 ml onza de agua

4 huevos batidos

1 cebolla pequeña, picada

4 chiles verdes, finamente picados

10 g/¼ oz de hojas de cilantro picadas

1 tomate picado finamente

¾ de cuchara de sal

150ml/5ml oz de aceite vegetal clarificado

método

- Mezcle la harina con agua en una masa dura. Divida en 10 bolas. Estirar 10 discos con un diámetro de 15 cm.
- Mezclar el resto de los ingredientes excepto el aceite. Déjalo a un lado.
- Caliente una sartén plana y cocine la paratha a fuego lento durante 2-3 minutos. Voltee y extienda 1

cucharada de la mezcla de huevo en el lado cocido del plato. Vierta sobre 1 cucharada de aceite.

- Voltee con cuidado y cocine con el huevo hacia abajo durante 30 segundos. Retire con cuidado de la sartén plana con una espátula.
- Repita con los parathas restantes. Servir caliente.

Cebolla Paneer Kulcha

(Pan Frito De Cebolla Paneer)

hace 8

Ingredientes

300 g/10 oz de queso de cabra suave, escurrido

1 cebolla pequeña, picada

2 chiles verdes, picados

1 cucharada de hojas de cilantro picadas

½ cucharada de mantequilla

Agregar sal al gusto

8 kulchas

método

- Mezclar todos los ingredientes excepto las kulchas. Divide la mezcla en 8 partes.
- Extienda una porción en cada pan y hornee en un horno a 200 °C (400 °F, marca de gas 6) durante 3 minutos. Servir caliente.

Gobi Paratha

(Pan frito relleno de col)

hace 10

Ingredientes

1 repollo pequeño finamente picado y ligeramente cocido al vapor

350 g/12 oz de harina integral

2 cucharadas de aceite vegetal refinado

½ cucharadita de pasta de jengibre

½ cucharadita de pasta de ajo

1 cucharadita de cilantro molido

1 cucharadita de comino molido

½ cucharadita de semillas de Iowani

¾ de cuchara de sal

120 ml/4 ml onza de agua

Ghee para lubricación

método

- Mezcle todos los ingredientes, excepto la salsa, en una masa dura. Divida en 10 bolas. Enrolle en discos con un diámetro de 15 cm.
- Calentar una sartén plana. Cocine la paratha a fuego lento durante 3 minutos. Extienda el ghee encima. Gira y repite. Repita con los parathas restantes.

Mezcla de harina roti

hace 10

Ingredientes

250 g/9 oz de harina de mijo

250g/9oz de harina integral

85 g/3 oz de harina blanca normal

1 cucharadita de cilantro molido

1 cucharadita de comino molido

50g/1¾oz yogur

1 cucharadita de chile en polvo

½ cucharadita de cúrcuma

1 cucharadita de sal

120 ml/4 ml onza de agua

Ghee para lubricación

método

- Amasar todos los ingredientes, excepto el ghee, en una masa dura.
- Dividir en 10 bolas y rodar en discos de 12,5 cm de diámetro.
- Caliente una sartén plana y cocine la sartén hasta que el fondo se dore.
- Extienda el ghee encima. Gira y repite.
- Repita para los ratones restantes. Servir caliente.

Theplas

(pan plano de fenogreco)

Hace 10-12

Ingredientes

50 g/1¾ oz de hojas frescas de fenogreco

¾ cucharada de sal

175 g/6 onzas de harina de trigo integral

125 g/4½ oz de besán*

1 cucharadita de cilantro molido

1 cucharadita de comino molido

1 cucharadita de chile en polvo

1 cucharada de yogur

2 cucharadas de aceite vegetal refinado

120 ml/4 ml onza de agua

Ghee para lubricación

método

- Picar las hojas de fenogreco y mezclar con sal. Ponga a un lado durante 10 minutos. Escurra y exprima el exceso de agua.
- Mezcle el resto de los ingredientes, excepto la salsa, en una masa dura. Divida en 10-12 bolas. Enrolle en discos con un diámetro de 15 cm.
- Calentar una sartén plana. Freír a fuego lento hasta que estén doradas. Extienda el ghee encima. Gira y repite. Repita el resto de las grietas. Servir caliente.

Puri

(Pan Frito Frito)

Hace 20

Ingredientes

350 g/12 oz de harina integral

120 ml/4 ml onza de agua

4 cucharaditas de aceite vegetal clarificado y extra para freír

método

- Mezcle la harina, el agua y 4 cucharadas de aceite en una masa dura. Ponga a un lado durante 10 minutos.
- Divide la masa en 20 bolas. Enrolle en discos con un diámetro de 10 cm.
- Calienta el aceite en una olla y fríe las puritas de dos en dos a fuego medio hasta que se inflen. Voltear y freír hasta que estén doradas.
- Repita el resto del apretón.
- Escurrir sobre papel absorbente. Servir caliente.

www.ingramcontent.com/pod-product-compliance
Lightning Source LLC
Chambersburg PA
CBHW070359120526
44590CB00014B/1183